探索中西部地区
教育高质量发展新模式

（教师）

北京师范大学 EDP 中心　　主编

中国财富出版社有限公司

图书在版编目（CIP）数据

探索中西部地区教育高质量发展新模式. 教师／北京师范大学 EDP 中心主编.
北京：中国财富出版社有限公司，2024. 2
北京师范大学"遵义市教育系统高端领军人才培养计划"优秀成果
ISBN 978-7-5047-8101-7

Ⅰ.①探… Ⅱ.①北… Ⅲ.①地方教育-教育质量-研究-遵义 Ⅳ.①G527.733

中国国家版本馆 CIP 数据核字（2024）第 048735 号

策划编辑 谷秀莉	**责任编辑** 贾浩然 马欣岳		**版权编辑** 武 玥
责任印制 苟 宁	**责任校对** 卓闪闪		**责任发行** 于 宁

出版发行 中国财富出版社有限公司

社 址	北京市丰台区南四环西路 188 号 5 区 20 楼		**邮政编码**	100070
电 话	010－52227588 转 2098（发行部）		010－52227588 转 321（总编室）	
	010－52227566（24 小时读者服务）		010－52227588 转 305（质检部）	
网 址	http://www.cfpress.com.cn	**排 版**	宝蕾元	
经 销	新华书店	**印 刷**	北京九州迅驰传媒文化有限公司	
书 号	ISBN 978-7-5047-8101-7/G·0834			
开 本	710mm×1000mm 1/16	**版 次**	2025 年 7 月第 1 版	
印 张	14.5	**印 次**	2025 年 7 月第 1 次印刷	
字 数	276 千字	**定 价**	68.00 元	

目　录

第一部分　课题结题研究报告

第二部分　论文/案例

第一部分
课题结题研究报告

小学语文低年级创新作业设计的研究

王心琳　贵州省遵义市朝阳小学

一、研究缘起

（一）研究背景

中小学学生学业负担过重一直是素质教育实施过程中的问题，过重的学业负担会给学生的身心带来负面影响。以往多从实际学业负担方面展开研究，很少关注学生心理方面。如何有效减轻学生过重的学业负担，保持学生心理健康，是教育界乃至整个社会应普遍关注的问题。而创新作业设计突破传统作业的练习形式，改变语文作业简单重复、机械抄写的现状，让作业由单调、枯燥、乏味变得生动、活泼、有趣，让丰富多彩的生活走进学生的作业体系，可以激发学生对语文作业的兴趣，培养学生学习语文的主动性，提高学生的学习能力，从而全面提高学生的语文素养，使学生享受到学习带来的快乐。

1. 国内方面

近几年，国内教育者加大了对同类课题的研究力度，致力于此类研究的教师也增多。特别是"减负"以来，很多学校对作业做了有益的改进尝试，"开放性作业""主体性作业""发展性作业"等创新设计层出不穷，在丰富作业形式、激发学生作业兴趣方面取得了宝贵经验。

2. 国外方面

西方一些教育先进国家的课外作业形式，对我们很有启发和借鉴意义。比如，英国中小学生课外作业主要有 4 种类型：一是实践作业，即由教师指导的各种实验类等需要动手操作的作业；二是书面作业，即客观性测试，其形式有简答题、抢答题、随笔、论文、观察报告、评论等；三是口头、听力作业；四是表演作业。再如，美国教师经常设计一种贴近生活的课外作业，他们认为应当鼓励学生在实际生活中运用课堂上所学的知识，达到学以致用的目的。当学生们意识到所学的知识很快能运用到现实生活中，实现知识的价值时，那么，学生就会觉得课堂上所学的知识特别有意义。

3. 本班情况

本班一共有 53 名学生，其中，学习明显困难的学生 4 名，因为各种情况家长不能辅导或陪伴的学生较多。而本班班主任兼任学校教科室主任，与同年级同学科教师相比，每周只有 8 节课（比其他教师要少 4 节课），课余时间被分管工作占满。所以，想要提高本班学生成绩，除了向课堂 40 分钟要质量，还应在作业布置上多动脑筋。

（二）研究问题

小学语文低年级创新作业设计的研究。

（三）研究目标

（1）研究出具有趣味性、层次性、实践性、综合性、开放性的小学语文低年级作业。

（2）激发学生对语文作业的兴趣，培养学生学习的主动性，提高学生的学习能力，从而全面提高学生的语文素养。

（3）探索作业的多元化评价方式，使学生感受到学习带来的快乐。

（四）研究意义

1. 理论意义

（1）深化课堂教学改革的需要

语文作业贯穿学习活动的始终，它是一种有目的、有指导、有组织的学习活动，是反馈学生学习情况的第一手书面材料，是不应忽视的形成性评价内容。学生作业的设计是课堂教学改革的重要组成部分，如何通过学生作业设计来巩固课堂教学效果和培养学生自主学习的能力，是深化课堂教学改革不可回避的问题。《教育部办公厅关于加强义务教育学校作业管理的通知》明确指出，学校要确保小学一二年级不布置书面家庭作业，可在校内安排适当巩固练习；小学其他年级每天书面作业完成时间平均不超过 60 分钟。其实，所谓的小学一二年级不布置书面家庭作业，仅是针对书面家庭作业的而非不留作业。所以，如何给低年级学生"减负提质"，创新作业设计就尤为重要了。

（2）实施新课标的要求

在新课程标准的指引下，教师应构建语文作业的新形式，讲究作业设计策略，优化作业设计方法，体现学生的个性化特点，使每一个学生的语文素养都得到良好的发展。

2. 实践意义

传统的作业设计，虽然在巩固基础知识方面起到了一定的积极作用，但在促进学生语文知识的形成、激发学生学习语文的兴趣、培养学生终身学习语文的能力、发展学生综合语文素质等方面存在许多问题。"减轻学生课业负担"成为广大家长和学生的共同呼声。小学语文低年级创新作业极大地调动了学生学习的积极性，让丰富多彩的生活走进学生的作业体系。

二、文献综述

（一）国内外研究现状

《基础教育课程改革纲要（试行）》对课程改革的目标作出了明确的规定，改变课程实施过于强调接受学习、死记硬背、机械训练的现状，倡导学生主动参与、乐于探究、勤于动手，培养学生收集和处理信息的能力、获取新知识的能力、分析和解决问题的能力，以及交流与合作的能力。改变课程内容"繁、难、偏、旧"和过于注重书本知识的现状，加强课程内容与学生生活以及现代社会科技发展的联系，关注学生的学习兴趣和经验，精选终身学习必备的基础知识和技能。课堂教学改革的主旨是注重学生主体性的发挥，强调学生在教师指导下积极主动地学习。我国《学记》对课外作业（家庭作业）早有记载"时教必有正业，退息必有居学"，而在西方，19世纪，德国教育家赫尔巴特提倡学生在课后实践课上所学知识。由此可见，中西方教育家在"家庭作业是课堂教学的延续"这一观点上是一致的。

（二）研究述评

家庭作业可以理解为学生在课外时间所从事的旨在促进其身心发展的一切活动，这些活动应有特定目的、内容灵活、形式多样且设计科学，更重要的是，教师和家长及其他指导主体要分工明确；家庭作业还可以理解为学生根据教师的布置和要求，在课外独立巩固课堂所学的学习活动，这主要是指以书面和口头作业为主的，巩固课堂所学知识技能的作业。因此，家庭作业是课堂教学的继续，是教学活动的有机组成部分。

三、核心概念界定

"创新"是本课题研究的核心，"创新"贯穿实验研究全过程，可以促进知识向能力的发展，促进"三维一体"的互动发展，促进每个学生的全面发展。在这一实践过程中，教师的教学素养也将获得相应的发展。

小学语文低年级创新作业是在传统语文作业领域中融入新课程理念，在深入挖掘文本资源的基础上，围绕教学的"三维目标"，密切联系学生生活，设计的生动活泼、充满智慧与情趣的实践性作业，目的是激发学生学习语文的兴趣、挖掘学生内在潜能、最大限度地拓展学习空间和时间、培养学生的创新精神和语文素养。"创新"既是指作业内容、形式的创新，更是指作业所指向的目标的创新。

"小学语文低年级作业"指小学一、二年级的课内、课外作业，既有口头的，也有书面的；既有知识、能力方面的，也有情感、态度、价值观方面的；既有单项的，也有综合的；既有教师设计的，也有学生自主创新的。

（四）理论基础

《基础教育课程改革纲要（试行）》；《义务教育语文课程标准（2022 年版）》。

三、研究设计

（一）研究对象

小学一、二年级学生。

（二）研究内容

1. 创新学生作业内容、形式

以情感认知为主线，通过自主调查、讨论、实践、体验等途径进行创新，使学生喜欢学习、享受学习。

2. 研究学生作业评价方式

教师不仅应注重知识学习成果的评价，还应注重知识学习过程、创新精神和动手实践能力的评价，从而形成有效的激励手段。

（三）研究方法

1. 调查法

在研究前期、后期采用问卷、谈话等方法进行调查，了解学生作业现状，存在问题的主客观原因，并为问题研究提供科学依据。

2. 文献研究法

收集和查阅有关文献资料，为课题研究提供科学的论证资料和研究方法，对新教材有关创新作业设计的内容和方法进行挖掘、分析和归类。

3. 行动研究法

在研究中，不断尝试新的课外作业内容及形式，并通过对语文教学效果的检测，不断修改和完善课题实施方案，探索出既能增强学生语文学习兴趣又能减轻学生作业负担的作业设计。

4. 经验总结法

对在实践中收集的材料进行全面归纳、提炼，进行定量和定性分析，得出能揭示教育现象的规律，确定具有普遍意义和推广价值的方法。

5. 案例研究法

通过实践探索与研究，不断总结学生在活动中提高语文素养的典型案例，并不断反思、验证，以利于方法的进一步推广应用。

（四）研究步骤

1. 准备阶段（2019 年 8 月—9 月）

成立课题组，拟定研究方案，完成对课题内涵与目标的研究。

2. 实施阶段（2019 年 10 月—2020 年 10 月）

开题论证，明确目标，进入实质性研究阶段，改变传统的作业观，寻找低年级语文作业设计的多种方法，激发学生学习兴趣。作业评价由对知识结果的关注转向对学生生命存在及其发展的整体关注，形成作业的多元评价体系。

3. 总结阶段（2020 年 11 月—12 月）

撰写结题报告，形成新课程体系下的语文作业发展性评价体系。

四、研究发现

教师平时布置作业更注重基础知识、基本技能的训练，长期单调、机械的抄写作业，抑制了学生的学习兴趣和积极性，限制了学生学习活动的空间和语文素养的提高，也制约了学生的个性发展。因此，在课题实践初期，课题小组的教师们分别在班上进行了前测问卷调查。

分析前测问卷调查数据发现，3 个班学生一共 160 人，18.13% 的学生喜欢教师布置的作业，37.50% 的学生认为作业量合适，51.88% 的学生能在 30~60 分钟完成作业，6.25% 的学生认为作业具有多样性和层次性，能认真完成作业的学生占 45.63%，喜欢教师现有作业评价方式的学生占 54.38%，详见表 1。

表 1　　小学语文低年级创新作业设计研究前测问卷调查数据

序号	问题	班级 1（人）	班级 2（人）	班级 3（人）	合计（人）	占比（%）
1	喜欢教师布置的作业	8	12	9	29	18.13
2	认为作业量合适	21	20	19	60	37.50

续　表

序号	问题	班级1（人）	班级2（人）	班级3（人）	合计（人）	占比（%）
3	在30~60分钟完成作业	28	27	28	83	51.88
4	认为作业具有多样性和层次性	3	3	4	10	6.25
5	能认真完成作业	27	25	21	73	45.63
6	喜欢教师现有作业评价方式	32	27	28	87	54.38

对3个实验班分别进行后测访谈调查，结果显示：69.17%的学生能在半小时以内完成作业，30.83%的学生需要更多的时间完成作业；56.27%的学生认为完成作业对成绩提高有帮助；选择教师统一布置作业的学生达64.33%；86.67%的学生喜欢形式多样化的创新型作业；71.67%的学生喜欢创新型作业评价，28.33%的学生觉得分数评价比较直观，他们喜欢这种传统的评价方式。详见表2。

表2　　　　小学语文低年级创新作业设计研究后测访谈调查数据　　　　单位：%

序号	问题	班级1	班级2	班级3	合计
1	能在半小时以内完成作业	58.5	89	60	69.17
2	认为完成作业对成绩提高有帮助	52.8	54	62	56.27
3	选择教师统一布置作业	68	55	70	64.33
4	形式多样化的创新型作业	83	85	92	86.67
5	喜欢创新型作业评价	69	75	71	71.67

作业是一种有目的、有指导、有组织的学习活动，是反馈学生学习情况的第一手书面材料，是提高学生素质的重要载体。它贯穿学生学习活动的始终，最能凸显学生自主学习的能力，最能真实反映学生的学习过程，是不应被忽视的形成性评价内容。对比前测、后测数据，我们可以发现，在实施创新作业设计课题研究之后，学生在作业完成时间、作业态度、作业效果等方面都有了较大的进步，而且学生更喜欢创新型的作业形式和作业评价方式。因此，我们应该大胆地删繁就简，创新设计学生作业，努力巩固课堂教学效果和提高学生语文素养，引领学生走进生活、体验生活、感悟生活。

1. 设计趣味性作业，与其他学科相结合

单调乏味的学习活动容易产生疲劳并会使学生对学习产生厌倦心理。因

此，作业的设计也应讲究趣味性，可以与其他学科如美术、音乐、科学等结合，以生动、形象的形式提高学生对作业的兴趣，发挥学生的主观能动性，同时，让知识的学习和技能的训练融于趣味性的练习。

2. 设计创编型作业，激发学生的创造性

学生都是极富个性的生命体，他们对教材的理解和诠释也富有独特性和创造性。创编型作业就是引导学生根据已有的知识，通过改、说、唱等形式再现、拓展课文内容，或采集、整理、加工与课文有关的图文资料，还可以利用课余时间排练课本剧，等等。根据不同的课文内容和形式，设计不同形式的作业，充分发挥学生的创造性，有利于提高学生学习效率，提升学生综合素养。例如，可以课后创编、课前创编、课中创编。

3. 设计合作型作业，引导学生多向交流

新课程的生成性、建构性要求学生加强合作能力，学会在学习中合作探索。

可以采取小组合作、学生与家长合作、跨年级合作、与校外专业人士合作等形式。

4. 联系生活，设计实践性作业

学生作业不仅要有巩固课内知识、技能的功能，还要有社会化、生活化的功能，而不只是简单、机械的操练。要通过作业这一方式，引导学生走出学校，走向社会，走进生活，激发学生学语文、用语文的兴趣，提高学生语文素养。例如，可以结合节假日设计作业，把课堂教学延伸至课外等。

五、研究结论、启示与未来研究方向

（一）研究结论

通过实践研究，教师们设计出了一些具有趣味性、层次性、实践性、综合性和开放性的小学语文低年级作业，同时收集整理了一些学生优秀作品。作业是课堂的延伸、巩固、创新，是切实实现"减负增效"的有效途径。作业创新应以贴近生活、走进生活、在生活中学习的理念为指导，注重学生素质的整体发展，应是开放的、广泛的、具有多种形态的。作业创新的关键在于教师的观念和对教学的思考，不能仅局限于学生现在的成绩，而应为学生将来的发展考虑，布置创新性的作业，让学生手、脑、口并用，贴近生活、富有情趣。通过作业创新，学生学习兴趣增强，作业完成率、正确率明显提高。学生对与其他学科相结合的趣味型作业、各种创编型作业、合作型作业、联系生活的实践型作业等非常积极。学生个人完成的实践

型作业也得到了家长的大力支持。教师也从作业中找到了乐趣，觉得这样可以促使自己思考和学习。总而言之，通过实践，激发了学生对语文作业的兴趣和学习主动性，充分调动了学生的聪明才智和兴趣特长，引导学生把眼光从书本看向无边的生活海洋，提高了学生的语文素养。学生的学习积极性提高了，学习成绩自然比以前好了，教师的教学能力也随之提高，达到了师生双赢的效果。

（二）研究启示

有学者认为，教育即生活，教育即生长。教育是一个过程，它不是一个静止的结果，而是"从做中学"的过程。本课题的研究，证明了学生掌握知识技能的水平并不简单地跟练习的数量、重复次数成正比，这就要求作业设计要有较强的目的性和创新性，教师要依据教材特点和学生特点，重视和把握作业设计方法，更好地突出开放性、趣味性、人文性、创新性、发展性，真正使教学最优化，努力培养学生的创新精神和语文能力。

（三）研究不足与未来研究方向

课题实践以来，虽然在学生作业内容、形式的创新方面迈出了一小步，但是研究策略还是比较单一，思路还比较狭窄，如何真正通过创新作业设计让学生变被动接受为主动实践，变机械抄写为巧用方法，变狭隘课堂为广阔生活，何种评价方式更能激发学生的学习积极性，使学生体验成功、享受到学习带来的快乐，这些都是亟须研究解决的问题。

参考文献

［1］黄雅芝．低年级小学语文单元作业设计策略初探［J］．教育界，2020（43）：24-25.

［2］郑成建．基于学生核心素养的小学语文课外作业设计策略［J］．吉林教育，2017（41）：143-145.

［3］许丽华．小学低年级语文作业设计和实施的研究：基于江苏"五严"规定的背景［D］．南京：南京师范大学，2013.

［4］蔡玲玲．让语文因作业而精彩：统编版教材小学低年级语文创新作业设计的策略探究［J］．小学时代，2020（6）：47，49.

［5］刘阳庄．小学语文应创新作业形式［J］．新教育，2019（16）：47，48.

［6］张宁．基于核心素养的小学语文作业设计探究［D］．聊城：聊城大学，2019.

［7］卢金明，芦学枝．小学语文创新作业设计的生活化探讨［J］．学周刊，2018（25）：93-94.

［8］林亚凤．创新作业，让低年级语文教学"活"起来：低年级语文创新作业设计策略谈［J］．新教师，2016（9）：26-28.

［9］宝海民．努力传承书生教育思想　恒久培养学生良好习惯［J］．基础教育论坛，2020（29）：34-35.

小学高段习作教学培养

——学生真情实感表达策略研究

蒋燕琳　贵州省遵义市播州区第一小学

一、研究缘起

（一）研究背景

习作教学不仅是对学生写作能力的训练，更是对学生情感、态度、价值观的培养，是培养学生良好人文素养的主阵地。随着互联网时代的来临和城市化进程的加快，学生的课余生活越来越单调，学生的习作越来越无内容可写，久而久之，学生的表达欲望越来越弱，习作中越来越缺乏真情实感。

因此，如何在习作中培养学生的真情实感，成了亟待解决的重要课题。在本课题中，教师主要以小学高段的习作课堂为观察对象，以学生的习作作品为依托，开展小学高段习作教学培养——学生真情实感表达策略研究。

《义务教育语文课程标准（2022 年版）》（以下简称新课标）指出，养成留心观察周围事物的习惯，有意识地丰富自己的见闻，珍视个人的独特感受。积累习作素材，能不拘形式地写下自己的见闻、感受和想象，注意把自己觉得新奇有趣或印象最深、最受感动的内容写清楚。所以，面对当前学生的生活实际和语文教育的要求，在习作中，教师回归课堂的本质，从构建学生真实生活体验开始，鼓励学生大胆表达自己的真实想法，有利于养成学生习真文、做真人的品质。

（二）研究问题

通过问卷调查，教师发现目前小学高段学生习作有以下 5 个问题。

1. 对习作兴趣不浓

只有 22.7% 的学生在习作兴趣上表现优秀，34.4% 的学生表现良好，23.9% 的学生表现一般，19% 的学生不感兴趣。

2. 课外阅读和积累能力不强

只有 18% 的学生在课外阅读和积累方面表现优秀，34.7% 的学生表现良好，30.4%的学生表现一般，16.9%的学生表现较差。

3. 留心观察的能力不强

只有19.7%的学生在留心观察方面表现优秀，36.5%的学生表现良好，28.8%的学生表现一般，15%的学生不会观察。

4. 动笔收集资料的能力不强

只有17.4%的学生在动笔收集资料方面表现优秀，35.6%的学生表现良好，26.4%的学生表现一般，20.6%的学生不会动笔收集资料。

5. 真情实感的表达能力不强

只有14.5%的学生在真情实感的表达方面表现优秀，34%的学生表现良好，32.8%的学生表现一般，18.7%的学生不会表达真情实感。

（三）研究目标

（1）还原习作课堂上的童真童趣，让学生喜欢上习作课。

（2）建立习作教学中师生间的平等对话，让学生在习作中表达出真情实感。

（3）促进教师对习作教学的反思，让教学回归本质，让教师更有情怀。

（四）研究意义

1. 理论意义

针对当前小学高段习作教学存在的学生无内容可写、无表达欲望、无真情实感等问题，提出培养学生真情实感的教学方案，完善习作教学策略，夯实习作教学理论。

2. 实践意义

为小学高段习作教学提供行之有效的教学实践参考，帮助一线教师更新习作教学观念，提高习作教学效率。同时，为习作教学如何引导学生习真文、做真人提供实践案例。

二、文献综述

（一）国内外研究现状

多年来，我国小学作文教学改革持续进行，如"大量读写，双轨运行"作文教学实验，以发展思维和语言为中心，以扩大阅读量为突破口，使学生的作文能力有了一定程度的提高。

国外中小学作文训练也一直强调"丰富生活体验"，有的国家更是将作文引进生活，教师不要求学生当堂完成，学生可通过课外多种渠道进行思考和准备，作文命题也以关注人生和学生未来发展为导向，强调实用。

国内外作文教学改革研究有一个共同之处，即作文训练需要学生留心观察生活，积累习作素材，真实记录自己的所见所闻所感，从而促进真情实感表达，达到提高写作能力和语文素养的目的。

本课题是在前人探索的基础上，通过培养学生真情实感表达策略的教学研究与实践，提高学生认识生活的能力和习作水平。

（二）核心概念界定

"小学高段"：小学五、六年级的学生。

"习作教学"：以习作教学为研究对象，以新课标对习作教学的要求为主要依据，在实践中对影响习作教学效益的各种因素进行分析研究。

"真情实感"：学生在习作中描写真实的生活体验，表达自己的真实感悟。

（三）理论基础

1. 形成性评价理论

小学语文教学中的形成性评价主要指在教学过程中，为改进和完善教学活动而进行的对学生学习过程及结果的评价。语文能力的形成性评价，着眼于学生能力的发展过程，从多种途径收集学生的知识、能力、兴趣、态度、情感及行为等信息，通过分类、对比和系统分析，全面评价学生的语文能力。新课标提倡采用成长记录的方式，收集能够反映学生语文学习过程和结果的资料，如关于学生平时表现和兴趣潜能的记录、学生的自我反思和小结、教师和同学的评价、来自家长的信息等。语文学习具有重情感体验和感悟的特点，因而量化和客观性评价不能成为语文课程评价的主要手段，应将定性评价和定量评价相结合，更重视定性评价。学校和教师要对学生的语文学习档案资料和考试结果进行分析，客观描述学生语文学习的进步和不足并提出建议。用最有代表性的事实来评价学生，对学生的日常表现应以鼓励、表扬等积极评价为主，尽量从正面引导学生。在评价时要尊重学生的个体差异，促进学生的健康发展。

2. 语文任务型教学理论

该理论坚持以人为本，让学生在课堂上动起来，活跃课堂气氛，改变以往沉闷的课堂氛围，提高学生学习的自主性，让学生在课堂上有"主人翁"的意识，改变传统的教学模式，使课堂变成教师"乐教"、学生"乐学"的和谐课堂，充分激发课堂的生命力。

3. 其他理论

认知发展理论认为，个体自出生后在适应环境的活动中，对事物的认知及面对问题时的思维方式会随年龄增长而改变。人的认识发展，不仅表现在知识的增长上，更表现在认知结构的完善和发展上。

心理社会发展理论认为，人的发展历经八个阶段，"一个阶段在时间和空间上紧接着另一阶段"，每个阶段都有相应的核心任务，当任务得到解决，就会获得较为完整的同一性。核心任务处理的失败，则会出现个人同一性残缺、不连贯的状态。核心任务处理的成功与失败为两个极点。核心任务处理的结果会影响人的一生。

社会学习理论认为，个人的认知、行为与环境因素三者及其交互作用对人类行为产生影响。按照此观点，以往的学习理论家都忽视了社会变量对人类行为的制约作用。他们通常是用物理的方法对动物进行实验，并以此来构建他们的理论体系，这对于研究生活于社会之中的人的行为来说，似乎不具有科学的说服力。因为人总是生活在一定的社会条件下，所以该理论主张在自然的社会情境中而不是在实验室里研究人的行为。

三、研究设计

（一）研究对象

研究对象为小学五、六年级学生。

（二）研究内容

（1）在课内阅读中探索学生真情实感表达策略。
（2）在小学高段学生课内习作教学中培养学生真情实感表达策略。
（3）在小学高段学生习作素材积累中促进学生形成真情实感表达策略。

（三）研究方法

1. 文献研究法

组织课题组成员学习习作教学的理论，特别是习作教学资源、习作指导方法的论述和观点，学习新课标有关文献资料及相关成果，总结经验，为课题提供可参考、借鉴的内容。

2. 问卷调查法

通过问卷形式进行调查，分析背景及成因，整理资料，开展活动。

3. 行动研究法

组织教师结合实际，边学习、边实践、边研究，不断创新。

4. 经验总结和案例研究法

及时总结经验和典型案例，加以理论分析，总结实验的主要经验，及时推广运用。

（四）研究步骤

1. 第一阶段：准备阶段

（1）学习有关文献，分析该课题国内外研究现状和发展趋势。

（2）进行调查摸底，弄清小学高段学生作文的真实现状。

（3）确定课题方向、研究内容，组建课题组。

（4）制定课题研究的过程性细则，明确各阶段的研究内容和要求，撰写课题研究方案。

2. 第二阶段：研究阶段

（1）以课堂教学为根基，深入课堂观察，每月开展 1 次听/评课活动，认真收集课题研究过程性资料，通过分析数据，及时发现问题，重点研讨各环节的有效性，尤其要关注学生语言表达能力和创新思维的发展。

（2）组织开展作文竞赛活动，创编班级作文集。

（3）探索出提高小学高段学生习作能力的行之有效的策略。

（4）编辑过程资料，撰写总结。

3. 第三阶段：总结阶段

（1）汇总资料，做好习作教学设计、教学论文的收集工作。

（2）认真总结研究情况，撰写结题报告，申请结题鉴定。

四、研究发现

在课题研究前后，教师发放了调查问卷，通过数据分析，发现学生主要有以下变化。

1. 习作兴趣得到增强

在课题研究后，有约 82% 的学生在习作兴趣上表现优秀，愿意参与习作课。

2. 课外阅读和积累能力得到增强

在课题研究后，约 80.7% 的学生课外阅读和积累能力得到提升，能够自觉进行课外阅读和积累。

3. 留心观察的品质得到增强

在课题研究后，有约 82.5% 的学生在留心观察方面表现优秀。

4. 动笔收集资料的能力增强

在课题研究后，有约 80.6% 的学生在动笔收集资料方面表现优秀。

5. 真情实感的表达能力增强

在课题研究后，有约 73.3% 的学生在真情实感的表达方面表现优秀。

五、研究结论与建议

（一）研究结论

1. 注重素材积累，解决"无材"问题

巧妇难为无米之炊，要解决学生无话可写的问题，必须引导学生观察生活，积累素材。

（1）勤观察、多练笔，做生活的有心人

五彩缤纷的生活理应是学生创作的源泉，教师应鼓励学生从课内走向课外，使课内课外有机结合起来，让学生真正做生活的有心人。具体做法如下：一是根据学校的活动安排及班级的特点开展一系列活动，如中秋节庆祝活动、冬季运动会等，以活动赋予学生写作灵感；二是积极引导学生进行小练笔，记录生活中的酸甜苦辣、真善美丑，表达心中的喜怒哀乐。久而久之，学生写出来的文章自然鲜活动人、充满真情实感。

（2）多阅读、勤摘录，吸美文之精髓

在书香飘逸的环境中，在美文精髓的浸润下，学生下笔写作时才会有内容可写、有真情可抒。具体做法如下：一是教师要鼓励学生多读课外书，帮助学生养成摘录的好习惯，让学生从鲜明的人物形象中感受美，从千姿百态的景物描写中想象美，从巧妙完整的结构安排中体会美，从而拨动学生心弦，使其产生对美的追求和向往，获取写作的灵感；二是根据学校读书活动的安排，教师制订班级读书计划，然后有目的地让学生进行阅读摘录，每月进行一次全班读书心得交流，在班级内评出"阅读之星"，营造良好的书香班级氛围。

2. 创设生活情境，解决无"趣"问题

要引导学生做生活的有心人，善于观察，善于发现。

（1）把活动引进课堂

把活动引进习作课堂，能让学生全身心地体验到快乐，由快乐产生智慧的火花，打开情感的闸门，激发学生表达的欲望，做到"用我心思我事，用我口抒我情，用我手写我心"。例如，可以开展"征稿启事""猜猜他（她）是谁""猜字谜比赛""课本剧表演""双人连跳比赛""魔术大会""金话筒""诗歌朗诵会""才艺展示会"等丰富多彩的活动，让学生享受快乐、乐于表达。

（2）把实物引进课堂

真实的视觉刺激能诱发人的内心情感，让人有话可说、有感可发，这就是"情动而辞发"。小学生在习作时无话可说，正是因为心中"无情"。在习作教学中，教师应创设情境，把实物引进课堂，让学生得到视觉上的冲击，这样他们自然就有话可说了。例如，在指导写水果习作时，可以带一篮水果进课堂，可以有新鲜的桂圆，诱人的香蕉，红彤彤的苹果，金黄的鸭梨，火红的橘子等，鲜艳的颜色，浓浓的果香，激发学生的表达欲望，学生的"话匣子"自然而然就打开了。

（3）把生活引进课堂

习作不仅仅是以生活为源泉，它本身就是一种生活方式，应该让习作融入学生的生活，成为其生活的一部分。在课堂上，教师可以展示学生生活的照片和许多精彩的瞬间，让学生回顾生活当中的趣事，演示游戏过程，动情地讲述自己的故事，感受到生活的精彩，学生心中那股情感的潮水就能自然而然地从笔端流淌出来了。

3. 借助习作例文，解决无"味"问题

有了可写的生活素材，要想写出有味儿、洋溢着真情实感的好文章，还需要掌握一定的写作技巧。

（1）选取典型事例，充实习作内容

习作例文对于学生积累习作方法和技巧具有很强的指导作用。

（2）找准动情点，注重细节描写

细节的多少和真实程度，直接关系到文章的真情实感。细致入微的描写，会使读者感同身受。如果文章中都是些笼统的、概括的叙述，即使是亲身经历过，也往往会给人不真实的感觉。一般而言，具体的叙述更能让人信以为真。

（3）结合交流平台，丰富习作技巧

结合交流平台，学习表达真情实感的方法，可以进一步丰富学生习作技巧。交流平台为我们分享了两个写作技巧，一是把情感融入具体的人、事、物，在叙述中自然而然地流露情感。二是可以把心里想说的话直接写出来，抒发自己的情感。

4. 优化后期评改，解决无"优"问题

（1）示范修改

为了提高全体学生的作文修改能力，教师应首先做好作文的示范修改。

教师可挑选出好、中、差 3 类不同的作文，提出不同的修改要求。对于中心明确、条理清晰的好作文，教师可只作个别语句的修改或者适当增添一些修辞手法，给文章润色，基本保留文章的原作原貌。对于中等作文，教师可引导学生自我朗读，体会文章的不足之处。检查文章详略是否得当，内容是否具体，开头和结尾是否呼应，段与段之间过渡衔接是否适当等。对于较差作文的修改，教师可调动全班学生参与，按照习作要求，让全班学生展开讨论。在发挥集体智慧对作文进行修改之后，再请作者朗读修改后的作文，并请其将修改后的作文与原稿进行比较，体会到作文修改的重要性，激发其修改作文的积极性和自觉性。

（2）学生自改

在教学中，教师应让学生做到至少读三遍自己的作文。第一遍，细读全文，改正文中的错别字，漏写的字、词、句及病句；第二遍，检查文章的主题、结构、详略等大方面；第三遍，再回到语言，看看语言是否符合文体，有没有语法错误，修辞是否妥当，字、词、句、段的斟酌是不是做到了精彩、精练。

（3）互评互改

一是适当引导学生商讨确定相应标准，让学生自己交换意见直至确立批改要求；二是让学生以小组为单位，互相交换读作文，看看哪些地方可以再进行修改，并注意写好"眉批"和"尾批"，教师加强巡回指导，既要解答学生遇到的各种问题，又要及时指导学生批改；三是先在小组内交流体会，再推动小组间交流，最后全班进行交流，发挥互动效应；四是互推佳作，每小组内至少要推出一篇佳作，在全班交流学习，然后根据交流的意见修改誊写，评选出全班的优秀习作，集中展示。

（二）研究不足与未来研究方向

1. 研究不足

（1）习作指导还停留在教材安排上

教师使用的统编教材，每个单元都安排了习作教学，习作指导还停留在指导本单元习作上，没有建立起一种"大作文观"，缺乏日积月累的作文训练意识。

（2）教师自身的写作能力需要再提高

在课题研究中，教师不仅要有扎实的业务基本功、新的教学理念，更应该有较高的写作能力，为学生习作做好示范。

（3）教学研究的实效有待提升

受教研团队整体研究水平限制，教学研究计划不够严密，缺少专业的教育科研手段与方法支撑，一些教学方法还比较传统，习作指导以讲授为主，缺乏对学生自主学习能力及习作思维的训练，导致学生思维不新、习作不新、内容不丰富、表达缺乏个性，教学研究的实效还需进一步提升。

（4）学生整体写作能力还需强化

一些作文题目，部分学生不能灵活运用习得的写作方法，而是一味地为写而写，没有融入真情实感，学生整体写作能力还需强化。

2. 未来研究方向

未来需要以此课题的研究成果为基础，针对课题中存在的不足，从"大语文观"的建立、教师写作能力的提升、教学理论的提升、学生整体写作能力的提升4个方面进行深入研究。例如，继续以课题为引领，撬动课堂改革，从多角度创设任务情景，解决习作"无趣"问题；引导学生在活动中挖掘习作素材，借助思维导图取舍习作材料，解决习作"无物"问题；在精读课文、习作例文、交流平台中丰富习作技巧，解决习作"无味"问题；在"三评两改"中训练学生思维，提高品鉴及修改的能力，解决习作"无优"问题；等等。

参考文献

［1］杨柳. 小学作文教学存在的问题及改革对策研究［D］. 天津：天津师范大学，2008.

［2］杨瑞. 小学生习作"失真"的原因及对策研究［D］. 重庆：西南大学，2009.

［3］赵东阳. 小学作文教学低效原因及对策［D］. 石家庄：河北师范大学，2007.

［4］张文彬. 小学生作文中审美体验教育研究［D］. 杭州：浙江师范大学，2009.

［5］高凤妹. 新课程理念下的写作命题研究［D］. 福州：福建师范大学，2003.

［6］王真珠. 如何让学生有东西可写［J］. 小学生作文辅导（教师适用），2010（11）：24.

［7］徐海鹰. 浅谈小学生的写作心理［J］. 苏州教育学院学报，1997（2）：156-157.

［8］叶圣陶. 怎样写好作文：叶圣陶谈语文教育［M］. 杭州：浙江文艺出版社，2012.

［9］强洪权. 原汁原味的绿色作文［J］. 基础教育，2004（7）：3.

［10］李蓉，李辉. 把生活融入习作，用作文表现生活［J］. 作文教学研究，2009（2）：33-35.

小学低年级学生随堂练字策略的研究

万　艳　贵州省遵义市赤水市第一小学

一、研究缘起

（一）研究背景

核心素养的培养是小学语文教学的重要目标，是学生全面发展的重要前提。正确、规范地书写汉字是每个公民应具备的最基本的素质。

小学低年级是学生学习汉字、养成良好书写习惯的重要时期，因此，加强低年级随堂练字教学研究，有利于为学生打好写字基础。本课题力求通过扎扎实实的研究，探索小学低年级学生随堂练字策略，从低年级开始，培养学生良好的书写习惯，提高学生的写字水平。

（二）研究问题

（1）小学低年级学生随堂练字习惯的培养研究。
（2）小学低年级学生随堂练字兴趣的培养研究。
（3）小学低年级教师随堂练字指导有效策略的研究。

（三）研究内容

（1）精心设计小学低年级随堂练字内容，改革评价方法，创新评价形式，激发学生自主练字的兴趣，使学生逐渐学会写正确、规范、美观汉字，帮助学生养成良好的书写习惯和正确的坐姿。

（2）通过随堂练字的实践和研究，更新教师观念，使教师在随堂练字教学中不断探索新方法，总结适合的策略。

二、文献综述

日本、英国、法国、美国、韩国等国家都非常重视学生的书法教育，但"小学低年级学生随堂练字策略研究"这一课题在国外研究较少。

为了分析和了解我国随堂练字在教学课堂中的整体状况，笔者对近年来随堂练字在语文教学中的研究相关文献进行了汇总和分析。

以"随堂练字"为关键词在中国知网文献数据库中进行检索时，笔者搜索到张敬义 2011 年发表的《一个完完全全的养成过程——对"10 分钟随堂练字"的解读与思考》一文，他首先解读了什么是"10 分钟随堂练字"，剖析了当下小学生写字的现状，提出了该如何践行"10 分钟随堂练字"：一是瞄准一个"效"字，增强练字意识，讲究练字效果；二是立足一个"导"字，教师示范引领，科学有效指导；三是追求一个"恒"字，天天练，年年练，三个学段都要一以贯之。

在《"10 分钟随堂练字"的几个原则》中，罗小萍指出，教师有责任也有义务讲究练字策略，做到随堂练、天天练，全面提高学生的写字水平。

徐如松和傅雯俊探索出一种"二度"写字教学法。所谓"二度"，一是随堂练字时间不一定集中安排在课尾，而是采取课尾和非课尾相结合的办法，每节课安排两次写字；二是每次写字都采取"指导—尝试写一个—评价—再次写字"的流程，在指导、评价和比较中提升写字教学效率。

吴延玉认为在阅读中穿插练字有利于分散难点。其指出，写字相对于识字来讲，是教学难点，难在字形的掌握和汉字的书写上。如果把一节课中要写的生字集中起来指导书写，难度过大，不容易掌握。如果穿插到阅读教学的各个环节，跟识字有机结合起来，识中写，写中识，则难点分散、难度降低，学生容易掌握。吴延玉认为分散写字可以调节课堂。在阅读教学的过程中穿插写字体现了以学生为本的教学意识。

张仁榜在《增强意识 有机结合 科学指导——"随堂练字"存在问题简析与指导策略》中分析了"随堂练字"存在的问题，得出增强练字意识，寻求科学、有效的指导策略尤为重要的结论。

可见，关于"随堂练字"的文献并不多。从文献来源上看，以期刊论文为主；从作者来源上看，多是一线教师根据实践经验对教学教法的总结；从研究人员构成上来看，研究主体是来自全国各地的一线教师。有的文献侧重于随堂练字的原则，有的文献侧重于写字基本技能的指导，有的文献侧重于写字时间的分配。总之，缺乏专门的小学低年级学生随堂练字策略研究，这使本研究具有重要的价值和意义。

三、理论基础

（1）义务教育课程标准

义务教育课程标准对写字教学提出了明确的要求：按照规范要求认真写好汉字是教学的基本要求，练字的过程也是学生性情、态度、审美趣味养成的过程。每个学段都要指导学生写好汉字。第一、第二、第三学段，要在每天的语文课中安排 10 分钟随堂练习，做到天天练。要在日常书写中增强练字意识，讲究练字效果。第一学段的目标是努力养成良好的写字习惯，写字姿势正确，书写规范、端正、整洁。

（2）《教育部关于在中小学加强写字教学的若干意见》

《教育部关于在中小学加强写字教学的若干意见》明确指出，加强写字教学，培养良好的写字习惯是所有老师的共同任务。规范、端正、整洁地书写汉字是有效进行书面交流的基本保证，是学生学习语文和其他课程，形成终身学习能力的基础；热爱祖国文字，养成良好的写字习惯，具备熟练的写字技能，具有初步的书法欣赏能力，既是现代中国公民应有的基本素养，也是基础教育课程的目标之一。

（3）《中小学书法教育指导纲要》

《中小学书法教育指导纲要》明确指出，每一个学生都应写好汉字。识字写字，是学生系统接受文化教育的开端，是终身学习的基础。中小学书法教育要让每一个学生都达到规范书写汉字的基本要求。

四、研究设计

（一）研究对象

本校一年级五个班（实验班和平行班）的学生，共 223 人。

（二）研究方法

课题组结合方案制定的研究目标和研究内容，针对一年级和二年级，以时间为主线，统筹安排课题研究活动，为圆满完成预定课题研究目标，在课题研究过程中采用了多种方法，包括调查研究法、文献研究法、行动研究法等，以保障各项课题研究工作顺利开展。

1. 调查研究法

对低年级学生的写字现状进行调查分析，以便采取有效的策略。

2. 文献研究法

收集和整理有关随堂练字方面的国内外文献资料，激发学生练字的兴趣，培养学生写字习惯，提高书写质量，借助练字的机会沉淀语文素养。

3. 行动研究法

对低年级学生写字现状进行调查，记录原始数据。从写字教学实际中发现问题，并在实践中寻求解决问题的方法。通过写字课堂，抓住每天 10 分钟随堂练字教学中的每一个环节和细节，考查学生在写字习惯、写字兴趣、写字姿势、写字技能等方面的提高情况。

（三）研究步骤

课题申报、开题以来，课题组全体成员认真制订每学期的研究计划，并井然有序地开展课题组研究活动。

本课题研究按照文献研究—概念界定—现状分析—课堂实践—反馈研讨—理论提炼的路线进行。

1. 第一阶段研究（2019 年 6 月—8 月）

为了保证课题研究顺利开展、将课题研究工作落到实处，第一阶段重点聚焦学生随堂练字的前测和文献资料的阅读与收集（见表 1）。

表 1　　　　　　第一阶段研究（2019 年 6 月—8 月）

时间	内容
2019 年 6 月 8 日—15 日	梳理问题，确定研究课题
2019 年 6 月 18 日	成立"小学低年级学生随堂练字策略的研究"课题研究小组
2019 年 6 月 19 日	召开课题研究会议
2019 年 7 月 12 日—15 日	完成"小学低年级学生随堂练字策略的研究"调查问卷
2019 年 8 月 1 日—30 日	阅读与课题有关的文献
2019 年 8 月 20 日	聘请北京师范大学学科导师为本课题首席指导专家，召开课题开题论证会

2. 第二阶段研究（2019 年 9 月—2020 年 6 月）

根据第一阶段学生随堂练字的前测和专家评审的建议制订第二阶段研究计划（见表 2），不断完善活动形式，引领课题研究顺利开展。

表 2　　　　　　第二阶段研究（2019 年 9 月—2020 年 6 月）

时间	内容
2019 年 9 月	1. 继续阅读文献，收集资料。 2. 以随堂练字为内容开展课例研究，凸显随堂练字策略
2019 年 10 月	1. 督促检查学生坐姿，培养良好的书写习惯。 2. 开展学生随堂练字作业检查

续　表

时间	内容
2019 年 11 月	1. 低年级学生随堂练字作业展评。 2. 评比优秀班级及写字明星。 3. 撰写阶段论文
2019 年 12 月	1. 总结并提炼低年级学生随堂练字策略。 2. 召开课题组工作会议
2020 年 3 月—6 月	1. 线上指导学生随堂练字。 2. 复学后，重点研讨"复习课中的随堂练字"。 3. 梳理阶段成果

3. 第三阶段研究（2020 年 7 月—2021 年 1 月）

根据第二阶段学生随堂练字的情况和研讨成果制订第三阶段研究计划（见表3），引领课题研究顺利开展。

表 3　　　　　第三阶段研究（2020 年 7 月—2021 年 1 月）

时间	内容
2020 年 7 月—8 月	1. 撰写与课题有关的论文。 2. 整理中期研究成果
2020 年 9 月	1. 召开课题组工作会议。 2. 布置第三阶段课题研究工作
2020 年 10 月	1. 开展数学学科随堂练字研讨活动，推动随堂练字教学。 2. 开展数学随堂练字作业展评
2020 年 11 月	1. 开展学生随堂练字作业检查。 2. 评比优秀班级及写字明星
2020 年 12 月	1. 低年级随堂练字课例展示。 2. 总结随堂练字有效策略
2021 年 1 月	1. 收集并整理课题资料。 2. 撰写结题报告

五、研究发现

本课题紧扣课程改革的脉搏，吸收国内外"随堂练字"研究的经验和成果，以激发练字兴趣、端正写字坐姿为突破口，积极探索学生随堂练字的高效策略。

（一）学生练字兴趣、坐姿分析

教师对一年级学生和家长进行了问卷调查，目的是了解刚入学学生的写字现状，更好地进行随堂练字策略研究，让更多的学生养成良好的写字习惯，降低学生的近视率，培养学生的练字兴趣。

由调查结果可知，纠正学生的写字姿势是很有必要的，参与调查的99.6%的家长认为必须要纠正学生不良的写字姿势，还有一些家长为教师提了一些好的建议：①每个学生熟背《写字姿势歌》；②同桌或小组间相互提示、相互纠正；③家校合作，共同帮助学生养成写字好习惯。家长们一致认为，在随堂练字时教师多加指导、多纠正坐姿，有助于学生养成良好的写字习惯。

（二）实验班与平行班的学生书写情况分析

调查显示，实验班的学生在各种策略的激励下，多数学生逐步养成良好的写字习惯（见表4）。学生好的写字习惯对提高书写质量有帮助，有利于降低学生的近视率，促进学生身心健康发展。

表4　　　　　　　　　实验班与平行班的学生书写情况分析

调查问题	实验班	平行班
写字兴趣	爱写字（70%）	爱写字（50%）
写字姿势	正确率（35%）	正确率（30%）
写字质量	良好（85%）	良好（60%）
学生视力	近视率（10%）	近视率（15%）

（三）实验班与平行班教师书写指导分析

随着课题的深入研究，笔者发现实验班教师都非常重视学生书写习惯的培养，并且每天坚持进行随堂练字教学，多数学生逐步形成良好的写字习惯。教师对随堂练字的足够重视，有利于激发学生的练字兴趣，学生好的写字习惯对提高书写质量有帮助（见表5）。

表5   **实验班与平行班教师书写指导分析**

调查问题	实验班教师	平行班教师
重视书写	100%	50%
学生书写质量	优秀（85%）	优秀（30%）
坚持随堂练字教学	100%	60%
认为书写习惯重要	100%	55%

（四）理论成果

（1）课题组教师教学能力大幅度提升，在公开课、文章发表中成绩显著。

（2）建立常态化的教研模式，研究出低年级学生随堂练字的八大策略。

● 策略一：矫正坐姿，培养良好的练字习惯。

随手拍。随手把写字姿势正确的学生拍下来，展示在大屏幕上，给姿势不正确的学生树立榜样。通过一张张真实的照片，变被动的坐姿说教为互动教育，实验班级的小榜样越多，规范学生坐姿的效果就越明显。

勤训练。学生熟记要领：头正、身直、肩平、足安。写字做到"三个一"：一拳、一尺和一寸。掌握正确的握笔姿势，即一抵二压三衬托。写字之前先默念两遍，然后对照检查，做到了才开始写字。

多提醒。一年级的学生记住要领并不难，难的是坚持。每一次写字前、写字中教师都要反反复复地提醒，要让写字要领在学生心中扎根，久而久之，学生提笔即练字的习惯就慢慢养成了。

● 策略二：把握时机，适时指导学生随堂练字。

练在课题板书时，事半功倍。课题板书是指导学生书写的一个好机会，新课伊始，将识字、写字教学有机结合起来，既节省了时间，也创新了形式。例如，《狐狸分奶酪》一课，指导学生学写"奶"字，写好这个字的关键笔画。把本课要求会写的生字调整为分散写字，学生易于接受，学得轻松，既加深了教师对课题的理解，也强化了学生"提笔即练字"的意识。

练在阅读理解时，读写结合。在学生理解文中重点词句的时候，教师适机找到契合点，结合句子中要求书写的生字对学生进行指导，把写字教学贯穿在阅读教学中，将阅读和写字有机结合起来，让学生在阅读理解中练习生字，指导学生在练字中加深对重点字词的理解。课堂上，学生每一个动笔的环节都是练字的时机，比如"小练笔"就是练字的好时机，教师不仅要关注学生写的内容，还要关注学生的练字意识以及书写质量等。

练在随堂听写时，巩固词语。听写是一年级语文教学中的常规手段，教师一般在课前抽取几分钟听写，主要是听写刚学习的生字词语，达到复习巩固的目的。教师可每天根据学生易错生字的掌握情况，确定听写词语的数量。在随堂听写的时候，教师应特别注重提醒学生的"双姿"，发现不正确的坐姿要及时纠正，且要随时提醒学生的握笔姿势，通过这样的听写练习，达到练字的目的。

练在课堂记笔记时，练写结合。从二年级开始，教师会让学生在语文书上记简单的笔记，比如重点的词语、自己的感受等，有的时候可能是一个词，有的时候是一个句子，在记笔记的过程中，要树立学生"提笔即练字"的意识，教师应要求学生认认真真写好每一个字，注重"双姿"的养成。

练在自主学习时，享受乐趣。自主练字内容可以设为语文书中的好词佳句，让学生把课文中的词语和句子认真摘抄下来，学生们在书写中会强化"提笔即练字"的意识，在一笔一画的间架结构中形成严谨踏实的学风。

● 策略三：激发兴趣，让随堂练字妙趣横生。

故事激趣。在学生书写疲惫时，可以穿插一些古代书法家刻苦练字的故事，这样不仅调整了学生练字的心态，还帮助学生认识了书法的价值。另外，教师还可以根据汉字的组成部分，自编小故事讲给学生听，特别是一些象形、会意的汉字，让学生在活跃轻松的课堂氛围中对汉字产生探究之情。

解字说意。汉字具有深厚的文化底蕴，每一个汉字背后都蕴含着丰富有趣的故事。教师在课堂上结合故事展开汉字教学，带学生了解汉字有意思的故事，配合动画，形象生动地呈现汉字的演变过程，可以让学生轻松学习汉字。解字说意让学生走进汉字的文化宝库，走进汉字的奇妙世界，领悟中国汉字的神妙。

巧编儿歌。在随堂练字中，教师可以自编一些顺口溜或儿歌，让学生牢牢地记住生字的写法要领，激发学生的写字兴趣。这样的教学方式能让看似枯燥无味的写字课变得轻松愉悦，学生在趣味盎然的学习中体会运笔的妙处。

小组帮扶。这是一种学生非常喜欢的互助学习方式。班级内书写好的学生帮助书写差的学生，有利于及时纠正学生的不良写字姿势。这一优化创新模式有效地促进了学生交流、合作探讨，有利于减轻实验班教师"一对多"的负担，增加课堂资源容量，调动学生学习的积极性和主动性，让学生乐写、乐学。

● 策略四：方法引领，培养随堂练字能力。

以导为主，指导观察。细致观察对学好书法来说很重要。在学生还未开始提笔写字的时候，教师就应让学生树立"先观察后写字"的意识。每次写字前，教师都应和学生强调：先观察后写字，做到"三看"：一看字的结构，看这个字由哪几部分组成，笔画顺序及位置，并进行书写练习，做到能正确书写；二看笔顺，让学生感受到汉字笔画的形态之美；三看关键笔画，认真观察每个字中易错笔画是怎么写的。在观察汉字的过程中，培养学生的专注力。专注力提升后，学生的学习能力就会越来越强，学习效率自然也就越来越高。

规范书写，指导笔画。基本笔画是构成汉字的最小单位，写好字就要写好点、横、竖、勾、提、撇、捺等基本笔画。如横的写法从左到右，起笔时稍重，收笔时向右稍按一下。为了便于学生记住横的写法，教师这样描述"横"的书写要点：两头光光腰要细，左低右高看仔细。形象有趣的描述使学生学得轻松。每一个笔画都有其自身特点，教师在教学中对学生进行严格的笔画指导，有利于让学生养成规范书写的好习惯，从小打下扎实的基本功。

- 策略五：分层教学，循序渐进开展随堂练字。

新课改强调教学必须面向全体学生，同时，要正视学生的个体差异。结合低年级学生的基本特点，教师可以采取分层教学的方式，就像爬楼梯一样，每个学生根据自己的情况有不同的进度，一层层往上走，让不同层次学生的书写能力都有所提升。

在开展"10分钟随堂练字"的过程中，教师不宜给学生制定定性任务，可以根据学生当天的状态设定练字要求，以符合学生的身心发展规律。具体来说，就是让学生分层练字，一方面，对简单的字与难度较大的字进行归纳整理，简单的字学生自主观察、书写，复杂的字先由小组长带领着小组里的同学认真观察，然后分享发现，教师提醒书写注意事项，再让学生开始书写；另一方面，结合学生的具体能力采取因材施教的原则，根据班级学生的成绩、自主学习能力等因素，把学生分成A、B、C 3组，给学生制定不同的随堂练字目标。A组："双姿"正确、书写规范美观、有一定的笔锋。B组："双姿"正确，能规范书写，书面整洁。C组："双姿"正确，能按笔顺写字，字体端正。通过分组教学，帮助学生打好写字的基本功，帮助他们建立练字的兴趣和自信，最终达成"10分钟随堂练字"的目标。

- 策略六：家校合力，让随堂练字事半功倍。

充分利用"家庭作业书写评价记录表"（见表6），让家长评价学生每天的家庭作业，包括双姿正确、书写规范、书面整洁3个方面，使随堂练字的效果得以巩固，营造良好的书写风气。

表6　　　　　　　　家庭作业书写评价记录表（第＿＿＿周）

班级＿＿＿　　姓名＿＿＿

内容 星期	双姿正确"★"	书写规范"★"	书面整洁"★"
星期一			
星期二			
星期三			
星期四			
星期五			
小计			

开设家长课堂，给家长介绍练字的相关要求，告知家长学生已有的写字基础和需要达到的目标，争取家长的通力配合。利用发放《致家长的一封信》、家长会、微信群等形式进行宣传教育，使家长从思想上重视学生的书写习惯，让家长做好榜样，耐心指导学生的作业书写；对学生作业的书写进行监督和指导；大力配合学校开展相关的作业书写评价活动。例如，每天下午，在批阅完学生的生字作业后，实验班的教师都会在班级群里及时反馈。哪些学生写得好，哪些学生进步大，一目了然。如果看到写得特别好的，教师会拍照特别展示，大家一起欣赏学习。对于家长反映有书写困难的学生，教师可以通过视频的方式单独辅导。

● 策略七：多角度评价，激发学生的练字热情。

教学的艺术不在于传授本领，而在于激励、唤醒、鼓舞。因此，在随堂练字中，教师的评价很重要，教师要不断丰富评价的形式，发挥评价实效。

随堂练字实行多元评价。灵活运用学生互评、家长评价、教师评价等方式，评选出"写字明星""书写规范奖""书写进步奖"，可以用不同的符号对学生的书写作业进行评价，如用"圆圈"圈画出作业中美观的字，在旁边画上一个笑脸，在书写不美观的字旁边画上一个"哭脸"，对学生进行引导，让他们互相学习，互相促进。还可以将优秀的随堂练字作品展示出来，当作大家学习的典范。总之，要让每个学生都感受到自己一丝一毫的进步，获得成功的喜悦、进取的动力。

随堂练字作业实行"双评价"，即作业内容＋书写，教师设计"随堂练字"书写质量评价表（见表7）。

表7　　　　　　　　　"随堂练字"书写质量评价表

班级____　　姓名____

序号	评价内容	评价标准	得分
1	双姿	"三个一"是否做到（2分）	
		握笔姿势是否正确（2分）	
2	笔画	书写是否规范（2分）	
		有一定的笔锋（1分）	
3	结构	能按笔顺写字，字体工整（2分）	
4	书面	作业干净、整洁、美观（1分）	

随堂练字作品经常展示。利用各种机会给学生搭建展示的舞台。学校的作品橱窗里可以展示学生优秀的练字作品，每周一换，营造竞赛评比的氛围，引导学生把每一次的作业都当成一幅作品去完成。作品橱窗里换下来的作品，可以让喜欢的学生申请拿走，学生们的模仿能力很强，慢慢地自己的字也就会进步了。搭建展示平台，既有利于激发学生的写字兴趣，还营造出了浓厚的写字氛围。

● 策略八：有效整合，在数学课中开展随堂练字。

学生写好字，一般人认为是语文教师的事，甚至有的教师也这样认为。例如，有的数学教师认为学生数学作业本上的字写得潦草或差一点没关系，只要把题目做正确就行了。其实不然，数学课上也要渗透写字教学。因为在数学课上渗透写字教学，不但能使学生受到美的感染，养成整洁等良好习惯，而且有利于激发学生学数学的兴趣。

书写起表率作用。不论是汉字还是数字，教师都应时刻做到板书工工整整、批改作业认认真真，给学生树立榜样，营造练字氛围。

书写加入批改。教师批改作业的方法也要相应改变，不能像以前一样只关注题目作答的正误，在批改数学作业时，教师可以采用百分制和等级制相结合的方式：题目答案正误打百分制，作业字迹是否规范打等级制。每次给学生布置作业的同时，都要讲明作业书写的常规要求：字迹干净、数字规范、格式整齐。在学生书写作业的过程中，教师应常督促、检查和指导，要让学生养成两种成绩同等重要的意识，还要定期在学生中评选优秀作业并给予奖励，从而激发学生练字的热情，提高学生练字的自觉性。

重视数字指导。数字是一种文化符号，蕴含着智慧和文明，在给低年级学生进行数字认识教学时，教师不仅要指导学生认识每个数字的意义、组成等数学知识，还要多方引导，使学生认清每个数字的字形特点，掌握正确的笔顺，学会基本数字的写法，并指导学生进行规范数字随堂训练。

六、实践成果

学生的书写能力得到了提高。不管是在课堂中还是在课堂外，学生的书写姿势都得到了较好的纠正，学生越来越喜欢汉字，越来越爱写汉字。

学生掌握了正确的写字方法，开始模仿教师的一言一行、一举一动，学生的书写质量有了明显的变化，80%的学生每一页作业都能做到工工整整、漂漂亮亮，养成了"想好再写"的好习惯。

绝大多数学生掌握了汉字笔画、笔顺、结构，养成了正确的写字姿势，能写出一手端正规范、结构均匀、整洁美观的汉字。很多学生在学校举行的各类书法比赛中斩获佳绩。

随堂练字教学得以优化。随堂练字教学活动，不仅大大激发了学生练字的兴趣，还改进了教师随堂练字的教学方法，教师们获得了培养兴趣、书写规范、间架结构等方面的有效指导策略，提升了自身的写字教学能力，有效推动了学校低年级随堂练字教学工作。教师们积极地参与到随堂练字中来，形成了一种师生互相监督、互相学习的氛围，真正转变了教师的教学观念。总之，课题组教师通过实践研究，在随堂练字教学中不断探索新方法，总结适合的策略，将随堂练字策略运用到自己的教育教学中，优化自己的课堂，在实践中不断培养学生良好的写字习惯及自身写字教学水平。

七、研究结论与启示

（一）研究结论

本次课题研究，培养了学生养成正确的写字姿势和执笔方法的习惯，使学生具备了一定的书写能力，有效地培养了学生健康向上的审美情趣和坚持不懈的意志品格，端正了学生的学习态度。

（二）对实践与研究的启示

培养学生的书写能力是一项长期而艰巨的工程，需要在总结成功经验的基础上进一步强化要求和训练，让学生掌握书写的技巧，养成"提笔即练字"的意识。因此，课题的结题并不意味着研究的结束，而应该是研究的新起点。

（三）研究不足与未来研究方向

虽然课题研究已经取得了一定的成果，但是还有很多地方值得去思考、去探索，如在研究中，教师深感自身的不足，部分教师书写水平不高，不能起到良好的示范作用；课堂教学方法还有待改进；一些后进生书写习惯还不尽如人意，书写的态度还不够端正，在后期还要针对端正学习态度等进行研究；写字教学的评价体系需要进一步完善；等等。所有这些，都是接下来要努力探究的内容。

总之，培养学生良好的练字习惯是一项长期而艰巨的工程，需要在研究成果的基础上不断反思，进一步强化训练，让良好的写字习惯成为自然，变成学生的自觉行为。语文教师有责任和义务在这条教育研究的道路上不断摸索前行，为小学低年级学生教育贡献绵薄之力。

参考文献

［1］张敬义．一个完完全全的养成过程：对"10分钟随堂练字"的解读与思考［J］．语文教学通讯，2011（27）：19+59．

［2］许发金．让练字成为课堂教学常态：对"10分钟随堂练字"的再认识［J］．小学语文教学，2013（28）：11-12．

［3］张仁榜．增强意识 有机结合 科学指导："随堂练字"存在问题简析与指导策略［J］．新教师，2013（4）：22-23．

［4］罗小萍．"10分钟随堂练字"的几个原则［J］．学周刊，2013（25）：127．

［5］许发金．"10分钟随堂练字"应处理好三对关系［J］．语文教学通讯，2014（6）：65-66+68．

［6］刘学林．"导"之有效 "写"必提升："10分钟随堂练字"指导策略例谈［J］．新教师，2015（7）：27-29．

［7］徐如松，傅雯俊．"二度"写字 有效指导：第一学段"10分钟随堂练字"教学新探［J］．新教师，2015（7）：23-25．

［8］许发金．走出"10分钟随堂练字"的操作误区［J］．新教师，2015（7）：25-27．

［9］陈聪．让写字教学有力地行走在语文课堂：也谈小学低年级语文课堂上的"10分钟随堂练字"［J］．启迪与智慧（教育），2015（12）：36．

［10］张艳弟，张红娇．写字教学的意义及国内外现状研究［J］．亚太教育，2016（5）：219．

［11］张德银．莫让"随堂"变"随意"："10分钟随堂练字"的问题与对策［J］．教学月刊小学版（语文），2016（10）：47-49．

［12］姜小艳．怎样上好语文课中的10分钟随堂练字［J］．小学生作文

辅导（读写双赢），2017（2）：35+38.

[13] 吴延玉 . "随堂练字"没有"变异"：与程华老师商榷［J］. 课程教育研究，2017（33）：146-147.

[14] 王珏 . 零起点背景下低年级写字教学实践研究［D］. 上海：上海师范大学，2018.

[15] 朱佳 . 立足"三处"多元评价：例谈低年级写字教学的评价策略［J］. 辽宁教育，2019（3）：82-84.

小学语文综合性学习主题活动
设计的实践研究

简正群　贵州省遵义市余庆县实验小学

一、研究缘起

（一）研究背景

1. 语文课程设置的需要

语文课程是一门学习国家通用语言文字运用的综合性、实践性课程。开展语文综合性学习并将综合性学习运用于主题单元教学，既是语文课程改革的要求，也是培养学生语文核心素养的重要途径。因此，教师在教学时需要有机整合口语交际、习作等，为听、说、读、写创造必要的条件，体现课内外的衔接、语文与生活的联系。语文学科能够引导学生培养语感，发展思维，具备适应生活需要的识字能力、阅读能力、写作能力和口语交际能力，从而更好地掌握和运用祖国的语言文字，使学生获得基本的语文素养。

2. 学校语文学科教学实际

本校目前的语文综合性教学主要存在以下问题：一是语文教师的教学主要是围绕教材进行，只重视对教材的使用，而忽视课外活动在教学中的重要性，语文综合性的学习没有重视课堂教学和课外时间的有效结合；二是教师对综合性学习的理解过于片面，将综合性学习单纯地理解为实践课，在教学设计上偏离了目标，与语文学科的实际教学严重脱节，实践活动缺乏实质性的东西。

3. 学生终身发展的需要

语文课程致力于培养学生的语言文字运用能力，提升学生的综合素养，为学好其他课程打下基础；为学生的全面发展和终身发展打下基础。语文教学要引导学生走进社会、深入生活，吸收社会生活的新鲜养料，全方位地与学校生活、家庭生活、社会生活有机结合起来，把传授语文知识同发展能力结合起来，增强学生在各种场合学语文、用语文的意识，不断提高学生的语文综合素养，培养学生的创新精神和实践能力。小学语文综合性学习是学生终身发展的需要。

（二）研究目标

（1）通过小学语文综合性学习主题活动实践研究，拓展学生的学习空间，综合发展学生的听、说、读、写能力，实现学生语文素养的提高。

（2）在遵循教材安排的综合性学习主题活动的前提下，根据学校实际，按照层级化、本土化、社会化、规范化开发新的主题，在研究和实践的过程中更新教师的教育观念，促进教师专业水平的提升。

（三）研究意义

1. 理论意义

通过研读课标，对综合性学习进行归纳和提炼，以便更直观地指导教学；在探索口语交际、习作有机整合的方式，为听、说、读、写创造必要条件的实践中，总结开展语文综合性学习主题活动、扎实培养学生语文实践能力的有效途径，为更多的教师提供有价值的参考路径。

2. 实践意义

在全面贯彻新课标的基础上，关注教材中语文综合性学习主题活动设计和教学内容的选择，遵循教材安排，根据学校实际，按照层级化、本土化、社会化、规范化开发新的主题，探索综合性学习活动途径和方法，精心设计课堂实施的主要流程和环节，充分开发和利用课程资源，创造性地组织语文综合性学习，拓展学生的学习空间，增加学生语文实践的机会，从而促进学生语文素养的全面提高，为教师提供可以借鉴的教学模式。

二、文献综述

（一）国内外研究现状

20 世纪 90 年代以来，世界各国的课程改革都把学习方式的转变视为重要内容。例如，法国增加了类似"综合性学习"的课程，强调多学科综合，尽可能地引导学生自主学习。日本颁布学习指导纲要，增设了"综合性学习时间"，致力于培养学生主动进行问题解决式学习和探究学习的态度，引导学生掌握科学的学习方法和思考方法。

国内普遍认为小学语文综合性学习是一种综合性的实践活动，它是以生活为源泉，以实践为根基，以综合为特征，以全面培养学生的语文素养为目标的学科综合实践活动。它以学生所学习的语文知识为基础，结合学生的实践经验和知识能力水平，根据社会和科技发展需要，以培养学生终身发展需要的综合素养为目标，指导学生围绕某一课题积极开展社会研究性学习。

（二）研究述评

国内外研究有的重视具体的、直接的社会参与，以及与他人的协作；有的侧重培养以"参与"为媒介的交流能力及作为参与者的协作、学习能力；有的则注重于问题解决所需的知识与信息的收集、加工、运用等信息活用能力的培养。课程标准虽然早已把"语文综合性学习"作为一个独立的目标提了出来，在教材中也有专门的内容设计，但是在现实的教学中，大多数教师的语文综合性学习教学处于盲目和随意状态。总体来说，已有的研究呈现出以下特点和态势：积极探索新理念下语文综合性学习的地位、教学模式；注意语文综合性学习内容的开发与学习方式的选择；更关注师生关系在教学活动中的作用等。以上研究成果，都为本课题提供了理论支撑和经验借鉴。

三、核心概念界定

（一）语文综合性学习

语文综合性学习是语文课程中一种相对独立的教学形态。它以语文课程的内容整合为基点，强调语文课程与其他课程的整合，强调语文学习与生活的整合，强调语文学习与实践的整合，强调多种学习方式的整合，以促进学生语文素养的整体发展和协调发展。

（二）主题活动

主题活动指在集体性活动中，以一个主题为线索，围绕主题进行综合性学习活动与交流。

四、理论基础

课标在"实施建议"中提出，综合性学习主要体现为语文知识的综合运用、听说读写能力的整体发展、语文课程与其他课程的沟通、书本学习与生活实践的紧密结合。综合性学习应贴近现实生活。综合性学习应突出学生的自主性，重视学生主动积极的参与精神，应主要由学生自行设计和组织活动，要注重探索和研究的过程，要加强教师在各环节中的指导作用。综合性学习的设计应开放、多元，应与其他课程相结合，开展跨领域学习。

课标在"课程设计思路"里指出，课程标准还提出了"综合性学习"的要求，以加强语文课程内部诸多方面的联系，加强与其他课程以及与生活的联系，促进学生语文素养全面协调发展。语文综合性学习对建设开放而有活力的语文课程具有重要意义，是语文新课程的一大亮点。因此，从语文课程设计的角度说，语文综合性学习体现了课程综合化的趋势。

从课程目标的角度说，语文综合性学习有利于整体提高学生的语文素养。综合性学习不但体现为语文知识的综合运用、听说读写能力的整体发展，而且体现为多学科联系、跨领域学习、书本学习与实践活动的紧密结合，有利于培养学生的创新精神，提高学生的语文实践能力，尤其有利于在实践中培养学生的观察感受能力、综合表达能力、人际交往能力、收集信息能力、组织策划能力、互助合作和团队精神，为促进学生语文素养的全面提高提供有力保障。从课程实施的角度说，语文综合性学习有利于转变学生的学习方式。新一轮基础教育课程改革非常重视学生学习方式的转变，把转变学习方式作为课程改革的重要目标，并把它作为实现其他目标的重要手段。

那么，语文学科的"综合性学习"与一般意义上的综合活动一样吗？事实上，还是有很大区别的。语文学科的"综合性学习"一切都姓"语"，即一切从语文学科的学习目标、学习性质、学习特点出发，主要体现为语文知识的综合运用、听说读写能力的整体发展、语文课程与其他课程的沟通、书本学习与实践活动的紧密结合，它是学生学习语文的一种方式。学段不同，语文综合性学习的要求也不同。

1. 第一学段

（1）对周围事物有好奇心，能就感兴趣的内容提出问题，结合课内外阅读共同讨论。

（2）结合语文学习，观察大自然，用口头或图文等方式表达自己的观察所得。

（3）热心参加校园、社区活动。结合活动，用口头或图文等方式表达自己的见闻和想法。

2. 第二学段

（1）能提出学习和生活中的问题，有目的地收集资料，共同讨论。

（2）结合语文学习，观察大自然，观察社会，书面与口头结合，表达自己的观察所得。

（3）能在教师的指导下组织有趣味的语文活动，在活动中学习语文，学会合作。

（4）在家庭生活、学校生活中尝试运用语文知识解决简单的问题。

3. **第三学段**

（1）为解决与学习、生活相关的问题，利用图书馆、网络等信息渠道获取资料，尝试写简单的研究报告。

（2）策划简单的校园活动和社会活动，对所策划活动的主题进行讨论和分析，学写活动计划和活动总结。

（3）就自己身边的、大家共同关注的问题组织讨论或进行专题演讲，学习辨别是非善恶。

（4）初步了解查找资料、运用资料的基本方法。

可以发现，所有的综合性学习都是基于语文学科背景的，因此，在实施语文综合性学习时，必须紧紧把握住"提高学生的语文素养"这一总体目标，强调"基于语文"的要求。

五、研究设计

（一）研究方法

1. **文献研究法**

广泛收集相关资料，在收集、查阅、整理有关语文实践活动设计和教学基础上，对别人的研究成果进行总结和借鉴，准确地理解并掌握所研究的课题。

2. **问卷调查法**

对学校综合实践活动设计和教学的形式、途径进行全面、深入的调查，形成真实可靠的研究报告。

3. **个案分析法**

通过对实验过程中的典型案例进行个案分析，调整实验方法。

4. **经验总结法**

在教学实践和研究的基础上，根据课题研究重点，对实验过程加以回顾、反省、总结，通过分析和思考，总结实验得失，进而指导研究和实践。

（二）研究步骤

课题按照组建团队，志趣相投—理论学习，更新观念—编制问卷，调查研究—组织实施，课堂实践—分析研究，形成成果的步骤进行。通过解读课标、理解教材，与课堂实践相结合后提炼实施路径。

1. **在理论学习中更新教育观念**

采用集体学习和分散学习相结合的方法，通过学习专著、阅读教育教学类刊物了解有关问题转化的教育教学理论，写好教育随笔，积累教育智慧，用以指导教学行为。通过学习，努力在理论层面上引导教师全面把握实验课题产生背景、科学依据、教育思想、实践价值，实现教育思想、教育观念的转变。

2. **编制调查问卷，进行调查研究**

编制调查问卷并选择样本进行调查，了解当前小学语文综合性学习主题活动设计实践研究的真实情况，并根据调查结果调整活动设计相关环节。

3. **构建课题交流平台**

进一步完善共营互惠的教学研究制度，拓展互惠的内涵，积极主动、坦诚无私地公开自己的教学思想，在教导处的支持下，积极组织课题组教师参加教学观摩、学习活动。

具体工作如下：

2020年5月，课题组开题，提出具体的研究目标，明确各成员的职责。

2020年6月，进行研究前期问卷调查，完成前期调查报告。

2020年7月—8月，查阅相关资料，展开理论学习，做好文献资料的收集、整理工作。

2020年9月—10月，定期进行教学研讨活动，交流经验，找到部编教材开展语文实践活动的有效形式，及时发现和解决课题研究中存在的问题，寻找语文实践活动的有效实施途径。

2020年11月—12月，总结研究成果。

六、研究发现

（一）综合性学习主题活动设计的"地域化""本土化"原则

1. 解读教材，确定小学各单元综合性学习教学目标

小学一共有4个综合性学习单元，分别是三年级下册中华传统节日，四年级下册轻叩诗歌大门，五年级下册遨游汉字王国，六年级下册难忘小学生活，见表1。

表1　　　　　　　　小学语文综合性学习各单元教学目标

年级	主题	教学目标
三年级下册	中华传统节日	1. 能分组分工合作，用不同方式收集介绍我国传统节日的资料，并记录这些节日的相关风俗。 2. 能就自己感兴趣的一个传统节日写一篇习作，写清楚过节的过程。 3. 能以适当的方式展示综合性学习成果。 4. 能对其他小组的展示活动作出评价，提出改进建议

续　表

年级	主题	教学目标
四年级下册	轻叩诗歌大门	1. 能根据需要收集资料，初步学习整理资料的方法。 2. 能合编小诗集。 3. 能在教师的帮助下举办诗歌朗诵会
五年级下册	遨游汉字王国	1. 为解决与学习和生活有关的问题，利用图书馆、网络等信息渠道获取资料，尝试写简单的研究报告。 2. 策划简单的校园活动和社会活动，对所策划活动的主题进行讨论和分析，学写活动计划和活动总结。 3. 初步了解运用资料的基本方法
六年级下册	难忘小学生活	1. 能围绕活动主题，明确活动任务，制订活动计划，并按计划开展活动。 2. 能根据活动主题收集和整理反映小学生活的资料，填写时间轴，与同学分享难忘的回忆。 3. 能设计制作成长纪念册

2. 综合性学习素材要与教材及学生生活实际相联系

（1）合理利用教材的综合性学习内容

合理利用教材中的综合性学习栏目，开展好相应的活动，在活动中提高学生的听、说、读、写能力。小学语文综合性学习具体任务见表2。

表2　　　　　　　　　　小学语文综合性学习具体任务

年级	主题	具体任务
三年级下册	中华传统节日	1. 问长辈，查找相关资料。 2. 用表格记录了解到的信息。 3. 收集传说故事。 4. 收集灯谜。 5. 做手抄报等
四年级下册	轻叩诗歌大门	1. 合编小诗集。 2. 举办诗歌朗诵会

续　表

年级	主题	具体任务
五年级下册	遨游汉字王国	1. 汉字真有趣。 收集字谜，开展猜字谜活动，收集体现汉字特点的古诗、歇后语、对联、故事等资料，举办一次趣味汉字交流会。 2. 我爱你，汉字。 收集更多的资料，围绕汉字历史、汉字书法或其他感兴趣的与汉字有关的内容，开展简单研究；调查同学的作业本、街头招牌、书籍报刊，围绕生活中用字不规范的情况开展简单研究
六年级下册	难忘小学生活	1. 回忆往事。 制作时间轴；分享难忘回忆；制作成长纪念册 2. 依依惜别。 举办毕业联欢会；写信

（2）在语文学习过程中进行综合性学习

结合课文阅读过程中发现的问题，在课外收集资料，进行探究；结合口语交际和习作中的话题开展实践活动，在实践活动中进行口语交际练习，并丰富习作素材。

（3）在学科联系中寻找综合性学习内容

可以在语文学习过程中整合各个学科的内容，也可以在其他学科学习过程中整合语文的内容。例如，在阳春三月，可以围绕"我爱春天"这个主题，按学科性质，由不同学科的教师分别承担不同的教学任务。在语文课上，教师编排了一系列歌颂春天的诗歌、短文，让学生欣赏；在音乐课上，教师教大家唱歌颂春天的歌曲；在美术课上，教师带大家观察校园里的花草树木，画春景；在体育课上，教师让大家踏着春的旋律放风筝；在科学课上，教师给大家解释春天的一些自然现象；在数学课上，教师编写有关春天的应用题；在中队主题会上，教师让孩子找春天、画春天、写春天、唱春天、舞春天、颂春天。这样熔各科于一炉，有利于全面提升学生的语文综合素养。

（4）在生活中发现综合性学习话题

一种是学生在生活中发现的话题，另一种是学生在生活中感兴趣的话题。结合生活实际进行综合性学习，要注意紧密结合当地实际，开发各种课程资源，根据学生的年龄特点，选择适合学生的话题。

（二）语文综合性学习主题活动开展的有效形式

从问卷调查和学生综合性学习成果的展示来看，综合性学习主题活动的开展形式要根据学生的年级来选择，不同年龄段的学生形式选择是不一样的。中低年龄段，教师要充分利用教材安排的综合性学习素材开展语文综合性教学，可以设计一系列小规模的活动，把听说读写巧妙地融于活动，从而促进学生听说读写能力的整体发展。例如，三年级"中华传统节日"专题，可以针对三年级学生的特点，让学生收集文字、图片、实物资料，让学生在活动时有话可说。也可以在班级内举办"中华传统节日文化推广会"活动，现场分组并口头汇报交流，还可以进行习作训练，将全班的优秀习作整理、装订成一本习作集，向全班同学展示。高年级在开展综合性学习时，可让学生实地采访、网上收集，对信息进行处理并制作演示文稿，最后学生根据需要进行现场交流，达到共同提高的目的。

（三）开展语文综合性学习主题活动教学的策略和途径

1. 合理使用教材，整体规划阅读材料的使用，分步推进

在解读课标的基础上认真研读教材，找到人文要素和语文要素在活动中的"落脚点"。在教学中，教师要认真挖掘并把握每单元内容的"主题特色"，发挥其编排优势，将阅读教学和语文综合性学习紧密结合起来，设计一系列实践活动，要让每个单元的综合性学习都成为单元知识序列的再造、拓展和升华。

2. 基于综合性学习序列，分年段落实

各年级语文综合性学习主题活动目标见表3。

表3　　　　　　　　各年级语文综合性学习主题活动目标

教材信息	活动主题	收集资料能力目标	合作交流能力目标
三年级下册	中华传统节日	1. 能根据小组确定的研究内容，有目的地收集资料。 2. 能在小组内共同整理收集到的资料	1. 能自由组建小组，共同确定研究内容、研究方式和活动成果的展示方式。 2. 能在研究过程中适时交流，及时调整
四年级下册	轻叩诗歌大门	1. 能根据需要，通过多种途径收集资料。 2. 能根据合作任务的需要，整理自己收集的资料	1. 能自由组建小组，共同制定研究途径。 2. 能分工合作，适时交流，及时调整，共同完成活动成果

续　表

教材信息	活动主题	收集资料能力目标	合作交流能力目标
五年级下册	遨游汉字王国	1. 能根据需要，通过多种途径收集资料。 2. 能结合收集的资料，找到自己的研究兴趣点，并进一步收集资料	能自由组建小组，共同制订活动计划
六年级下册	难忘小学生活	能通过与他人交流打开收集资料的思路，并按自己的需要整理资料	能与他人合作策划一个校园活动

3. 注意学科整合，实现语文的语用功能

课标课程基本理念提出，能在多学科的交叉中体现语文知识和能力的实际运用，促进学生素质的全面提高，这是综合性学习的目的。学生应学会在各个领域里运用语文，在运用中进一步学好语文。

七、研究结论与启示

（一）研究结论

（1）语文综合性学习主题活动应考虑学生的年龄特点，选择让学生感兴趣的方式。

（2）语文综合性学习主题活动的实施应体现语文"双线组元"的特点。

（3）语文综合性学习主题活动应以实践体验为主要开展方式。

（4）应注意评价的多样性。

（二）研究启示

对学生的发展而言，语文教学是开放式教学，注重语文综合性学习是语文教学的关键所在。开展丰富多彩的语文综合性学习，能沟通课堂教学与课外活动的联系，沟通语文教学与社会生活的联系，培养学生自主、合作、探究的学习方式和创新实践能力，增强学生学习语文的兴趣，从而促使其更积极主动地学习语文，发展其主观能动性，提高其综合素质。教师们也开始重新思考和定位综合性学习，这有利于促进教师业务能力的提升。

（三）研究不足与未来研究方向

1. 研究不足

虽然课题研究取得了一些成果，但也有以下问题需要注意，以期在实践中不断完善：一是课题组个别教师在教学中虽然改变了传统的教学模式，但担心影响教学质量和升学业绩，担心学生做不好，总是习惯性地让学生跟着自己的思路做；二是教师课堂教学设计能力有待提高；三是对具体环境中的学生评价研究程度不够。

2. 未来研究方向

（1）将研究重心转换到如何在活动中提升听说读写综合运用能力，以及如何提升语文素养和实践能力上。

（2）探索如何通过综合性学习活动促进学生语文素养的提升。

（3）切实抓好课题研究管理，对课题研究状况及时调查、诊断。

（4）继续深入系统地开展课题研究，优化教学策略。

（5）加强集体研讨的力度。互相探究课题实施过程中的教学点滴，解决疑惑，交流经验。

参考文献

［1］宋为群．语文综合实践教程［M］．南京：南京师范大学出版社，2014.

［2］陈燕．小学语文中华传统文化　中华经典主题文化［M］．宁波：宁波出版社，2017.

［3］侯梅丽．融合多方教育资源　提高学生语文素养：谈小学语文综合实践活动的设计与实施［J］．语文教学与研究，2019（6）：102-103.

［4］才淑芹．语文综合实践活动课的设计原则［J］．语文教学与研究，2016（35）：21.

［5］陈晨．在小学语文综合实践活动课程中提升学生核心素养的方法探究［J］．教育观察，2017，6（20）：101-102.

小学数学教学中渗透数学文化的实践研究

彭双娟　贵州省遵义市汇川区第一小学

一、研究缘起

（一）研究背景

《义务教育数学课程标准（2011 年版）》指出，数学是人类文化的重要组成部分，数学素养是现代社会每一个公民应该具备的基本素养。教材可适当介绍和数学有关的背景知识，包括数学在自然社会中的应用及数学发展史，帮助学生了解数学在人类文明发展中的作用，激发学生学习数学的兴趣，让学生感受数学家的严谨并欣赏数学的优美。数学文化作为教材的组成部分，其体现方式是"你知道吗""数学广角""数学游戏""生活中的数学"等板块，目的主要是让学生在学数学知识的同时，能够在实践中接受传统文化的启发和熏陶，体会传统文化和数学文化之间的密切联系。

数学文化对学生从小树立正确的世界观与培养思维模式具有很大的意义。在小学数学教学中渗透数学文化，对于激发学生的自主性和学习兴趣，使学生热爱数学、理解数学，帮助学生领会数学文化在数学教育中的重要意义，对培养其逻辑思维、探究精神以及实践能力等都具有积极的促进作用。

在大量的观课中，发现现实教学中存在以下问题：

（1）部分教师课堂上过度强调基础知识的掌握和基本技巧的运用训练，忽视数学文化价值的体现。当学生努力地去学习和掌握数学知识时，渐渐地就会对数学感到厌倦。

（2）教师对在数学课堂进行数学文化渗透的作用认识不够，认为只是起到拓宽学生的知识面、调控课堂气氛的作用。对于数学文化方面内容一带而过，或者根本不提及，学生就感受不到数学文化的魅力。

（3）虽然现行教科书中都有数学文化素材，但受教科书篇幅的限制，素材内容的广度和深度都很有限，教师能够利用的数学文化素材并不多。同时，部分小学数学教师对数学文化缺乏了解，积累的数学文化素材也不够丰富，这在一定程度上影响了数学教学中数学文化的渗透与融入，导致在小学数学课堂中进行数学文化的教学存在一定困难。

课堂教学是我国现代数学文化的积累和形成的主要阵地，加强对数学文化的传承和渗透也是我国现代小学数学课堂教学工作的主体性内容。因此，在小学数学教学中，对于渗透和弘扬数学文化进行实践性研究就显得非常重要。

（二）研究问题

（1）现行的人教版小学数学课程中相关的数学文化渗透点主要有哪些？

（2）在小学数学课堂上有效地渗透和弘扬数学文化的一般方法和策略是什么？

（三）研究目标

（1）教学相长，提高教师自身的数学文化素养，激发教师的教育教学研究热情，提升数学教学质量。

（2）探索模式，用数学文化的渗透来推动数学教学方式及数学学习方式的改变，构建一般性的小学数学课堂渗透数学文化的教学模式，具有广泛的推广价值。

（3）通过数学学科育人，培养和提高学生的数学知识水平和综合能力。

（四）研究意义

1. 理论意义

数学被认为是一种重要的"工具"，是一种实现理性数学思维的新模式，即"数学方式的理性思维"。所以，数学不仅被人们认为是基础知识，也被人们视为一种文化素质，即"数学素质"，能够做到让每个人都终身受益。数学不仅被人们认为是一门基础科学，也被人们称为"数学文化"。关于描述我国传统数学学科文化的基本特征，笔者比较认同以下几个基本观点：任何单一的文化描述都不能完全准确概括整个数学学科文化的基本特征，数学就是与其特征有关的整个文化的总和。有多位数学研究者一致认为，数学的社会文化体系是一个数学社会文化集团在各种关于数学社会活动中所直接创造的各种物质财富和精神财富的总和。

通过这种数学文化的传播和渗透，可以使学生初步了解到数学与现代人类经济社会进步的密切联系，体会到数学的教育科学价值、应用价值和社会主义人文价值，开阔眼界，增进对于数学的宏观认识和对于整体文化的把握，在实践中受到优秀传统文化的熏陶，领悟数学理性精神，从而培养和提高自已的数学文化素养。

2. 实践意义

培养学生核心素养，实现学科育人。通过对数学文化的弘扬和渗透，培养学生的思维和学习方式，促进学生的深度探究和学习，培养学生求真、求善、求美、创新、探索等精神。数学已经不再单纯被认为是一种用来解决实际问题的方法和工具，数学课堂的教育也不仅是简单地进行知识的传递，而且是一种对于学生进行数学化的教育。

促进教师专业发展，实现教学相长。教师通过自己学习、理解数学文化的内涵，认识到数学文化的价值，意识到数学文化在小学阶段进行渗透的重要性和必要性。

二、文献综述

（一）国内外研究现状

国外教育领域对数学文化的关注，主要体现在两个方面。

一是在课程建设方面。比如，现在荷兰的小学数学课程素养目标中提到供学生发展数学综合素养的内容来自日常生活、其他学科领域以及数学自身等。又如，在俄罗斯一些小学数学课堂中，其内容也就是和当地民族传统文化元素紧密结合的。

二是在数学教育方面。20 世纪下半叶，数学文化已经开始用一种独立而又非常多样的形态在西方国家兴起。1950 年在美国举行的第十一届国际数学家大会上，怀尔德紧密地围绕"数学的文化基础"这一重要主题，进行了精彩的演讲，引起了国内外对于数学文化的广泛重视和关注。随后，《作为文化体系的数学》一书正式出版，它被认为是怀尔德的重要代表作，该书的创作思想和灵感来自现代科学和哲学的研究与发展。书中基于传统的文化产生与发展理论，对传统的数学和文化体系的基本概念和理论做了深入的阐述，并最后得出了"数学作为一种文化系统"的结论，标志着一种全新的数学思想观的产生。

数学史界名人克莱因认为，数学作为一种非常宝贵的、无可替代的人类文明成就，在使人赏心悦目和提供审美价值方面，可以与其他任何一种文化门类媲美。

国内较早关注数学文化的是北京大学孙小礼教授，她和邓东皋等人共同编辑了《数学与文化》，其中汇集了一些数学名家的主要研究，既有有关学术观点和哲学论述，也详细地整理记录了从近现代中国数学史和自然辩证法的角度对于数学文化的整体认识和哲学思考。之后出版的数学著作主要包括齐民友的《数学与文化》、郑毓信的学术专著《数学文化学》，这些著作以及许多人的博士论文都努力将数学从单纯的逻辑演绎推理中彻底解放出来，重点研究目的之一就是深入地剖析研究数学文明发展历史，充分地揭示了数学的历史文化本质内涵，确定了数学本身及其作为一种数学文化而必然存在的历史意义和哲学价值。

顾沛教授分析认为，在"数学文化"被日益广泛地研究和使用的情况下，"物理文化""化学文化"并没有真正得到广泛的研究应用。这充分说明，数学确实从本质上区别于物理、化学等其他自然科学。数学具有超越具体的科学及普遍适用的特点，具有公众基础的作用。顾教授特别提出，不同的社会现象和自然现象，可能遵循同样的数学逻辑规律，这就充分反映了社会现象与自然现象在数学逻辑上的共性。数学已经完全超越了具体社会科学和具体自然科学，也已经发展成为联系整个社会管理科学、自然科学的重要纽带。

张奠宙教授认为，在数学的课堂教学中，教师和学生都应该从多种视角去了解和认识数学文化的内涵和外延，如果把数学文化的内涵和魅力充分地渗透、融入课堂教学，那么数学教学就会更加平易近人，就能够促使学生通过文化的层面去更为轻松地了解和认识数学，并喜欢数学。

张维忠教授的《基于数学文化的教学案例设计述评》从许多方面、许多角度对基于数学文化的教学案例设计进行了分析；顾沛教授提出要创建一些数学文化专业课程，为我国数学文化课程在实际应用中的有效开展和运用提供了保证；朱忠明主要研究了在数学课堂教学中如何渗透和弘扬数学文化，并为如何构建一个富有文化和历史底蕴的数学课堂提出有效的指导和建议。

（二）研究述评

通过以上文献的阅读，专家们认为在数学课堂教学中有意识、有目的、系统地渗透数学文化，会更加有利于达成三维目标，有利于促进学生的整体成长与健康成才。体现数学文化的课堂并不会影响数学知识或方法的教学。两者是一种相互依存、相互促进的关系。数学知识和方法都是数学文化的重要载体，没有数学知识的纯粹数学文化不可能单独地存在。在对数学知识、方法的深入学习和应用过程中渗透数学文化，会更加充分地凸显数学学科的研究价值和现实意义。只有在数学思考中掌握所学的数学知识，在理性品格的培养中潜移默化地学习数学方法，这样的数学课堂才真正具有其文化内涵和教学意义。

同时，通过阅读文献，笔者了解到在小学数学教学中渗透数学文化的途径和策略主要有以下几个方面：

（1）要加强教师对数学文化作用的认识，提升教师关于数学文化认识定位和知识储备。

（2）要确定合适的数学文化教学内容。可以运用数学史激活课堂，以数学题材突出数学本质，以数学在生活中的应用来丰富课堂，以引导学生探究数学。

（3）要在恰当的时机渗透数学文化。在情境创设、背景知识引入中渗透数学文化，在数学概念和例题分析的教学中渗透数学文化，让课堂焕发活力。

（4）要改变课堂评价方式。从单一的笔试课程转变为通过口答竞赛、小组讨论操作、编写数学小日记、编制数学小报或动画等方式，对优秀作品或研究成果给予口头激励、评价。

（5）可编写适合教学的数学文化专门教材。尽管数学文化在教育领域引起了广大师生的重视和关注，但是我国中小学的数学课堂渗透数学文化的研究也不是很多，对于数学文化的理解和认知还不够深刻，具体的应用实施措施、办法还不够清晰且没有形成科学体系。所以在数学课堂教学实践中，有必要把数学文化充分地渗透于课程标准、教材，体现到数学课堂教学的整个过程，使得学生能够在数学知识的学习过程中受到更多的文化熏陶，提高他们对数学的理解和文化素养。

（三）核心概念界定

1. 数学文化

一般来说，狭义的数学文化主要指数学在整个社会中所具有的思想、精神、手段、观念、语言等各个方面的形成与发展。有一些研究对广义数学文化这样定义：包含数学家、数学历史、数学教育、数学与社会之间的关系以及数学与其他文化之间的联系等。本课题所研究的数学文化，对于狭义和广义的领域都会有所涉及，侧重于广义数学文化，主要聚焦当前人教版小学数学课程中显性的数学文化素材梳理与隐性的数学文化素材补充以及实践思考，涉及数学历史、数学思想、数学方法等。基于少年儿童的数学学习认知体验，遵循少年儿童的数学思维表达方式和认知构成方式，利用教材中"你知道吗""生活中的数学""数学游戏"等版块来呈现数学学科知识、数学发展史料、数学家的故事、数学思想方法以及数学在现实生活的广泛应用，从而彰显数学文化要素。

2. 数学文化渗透

数学文化的渗透主要是指教师以课堂为主要载体，将数学文化融入实践活动，与所教数学知识进行紧密结合，采用恰当的教法润物无声地潜入学生的认知深处，与学生已有思想形成联系和碰撞，从而促进其思维方式和价值观的形成。让学生在数学文化的熏陶中感受到数学的乐趣，激发他们学习数学的热情和兴趣，帮助学生认识到在人类文明的进步中数学的地位和作用，开阔自己的学科眼界和视野，学习数学家严肃治学、刻苦钻研的精神，提高学生欣赏和学习数学的能力，培养学生的数学文化素养。

（四）理论基础

顾沛教授曾经讲过，在一个人的学历教育中，从小学到大学，普遍需要学13年的数学课程，但许多人并未因此就掌握数学的精髓，也未学习到数学的理性思维，而且对于数学的基本文化思想、精神认识了解得较肤浅，对于数学的宏观认识把握比较差，误以为学习数学就是为了能够顺利地、正确地应付数学考试，不清楚"数学的理性思维"重大意义和重要价值，不清楚数学在生产、生活实践中的重要主体地位和指导作用，不理解数学文化与众多文化的巧妙融合和相互交汇。大学生毕业后，如果不是在与数学相关的某个领域工作，他们已学过的诸如定理、公式和各种求解复杂问题的数学方法也许都用不上，以至很快就被忘记了，而他们有所欠缺的数学素养，反而是让人终身受益的精华。

张奠宙先生在《数学文化的一些新视角》中已经明确指出：数学文化必须始终能够真正走进数学课堂，在教学中要让学生不仅能够感受学习实践数学的过程，而且能够真正地感受到数学文化的精神感染，产生一种文化的精神共鸣，体会到数学的文化品位。这个分析过程就是从一个非常微观的角度对数学文化进行深入分析，将数学文化渗透于课程标准、教科书，体现于对数学文化课堂教学整个管理过程。

郑毓信教授在《漫谈数学文化》一文中指出：如果您的教学始终停留于知识与技能的层面，您恐怕就只能算是一个"教书匠"；如果您的教学能够很好地体现数学的思维，您就是一个"智者"，您给学生带来了真正的智慧；然而，如果您的教学能给学生无形的文化熏陶，那么，即使您只是一个小学教师，即使您身处边远地区，您却是一个真正的大师，您的生命也因此而充满了真正的价值。因此，在教学中渗透数学文化，或许就是每一个数学教师所应永远追求的一种境界。

个别外国学者认为，不论人们从事什么工作，深深铭刻在他们脑海中的数学思想精神、数学思维模式和观察数学问题的主要着眼点等，都将随时随地起到积极的推动作用，使人们终身受益。

张齐华提出，数学不仅是对于数学知识、方法、流程的简单堆砌，数学课堂的教学活动也不只是对于数学知识、技巧及方法的一种机械传输和搬运。作为我们从事基础教育甚至高等教育中最重要而必修的一门基础课程，它本身就拥有其他任何一门学科无法替代的特殊教育与文化的价值，比如理性精神的培养，或者是数学思维方法的训练等。数学本身就是一种文化，这种"作为文化的数学"一旦进入了教学的视野，必将呈现出一般的课堂不具有的文化气质，它既有可能直接表现在教师对于数学内容的深刻理解和整合组织上，也有可能直接表现在教师对于学生数学学习需要的理解和把握上，更多的还表现在教师对于具体的教学战略的正确选择和运用上。

三、研究设计

（一）研究内容

（1）梳理现行人教版小学数学教材中的数学文化相关知识。研究教材中已有的数学文化渗透方式，积极构建有生命的、贴近生活的数学文化课堂。

（2）探索数学各个知识领域有效渗透数学文化的一般方法与策略。通过研究经典课例，积累渗透数学文化的课堂教学案例及教学实践经验。

（二）研究方法

1. 文献资料法

收集有关数学文化的文献资料，了解在小学数学教学中已有的渗透数学文化的研究方法和成果，进行整理学习。

2. 行动研究法

通过在小学数学教学中渗透数学文化的实践来进行研究。

3. 问卷调查法

用于研究前期了解数学文化教学中的渗透现状，中后期获得师生对数学文化在小学数学教学中渗透的评价。

4. 课堂观察法

了解数学文化如何在教学中进行渗透，以及渗透的效果和存在的问题等。

5. 经验总结法

进行阶段性的分析、总结，不断改进方法和策略，提炼出小学数学教学渗透数学文化的一般方法与策略。

（三）研究步骤

1. 准备阶段（2019 年 6 月）

（1）选定研究课题"小学数学教学中渗透数学文化的实践研究"，收集与本课题有关的各方面资料，进行理论学习。

（2）通过实地调查，了解目前小学数学课堂教学的发展现状和其优劣势，确定相应的研究方向，构建一个基本的研究理论框架。

（3）确定研究成员，召开讨论会，成立研究小组。

2. 启动阶段（2019 年 7 月—8 月）

立足学校实际，聚焦研究数学课堂中的问题，认真进行调研了解，深入分析现状，制订出操作性强的课题研究计划。广泛收集资料，组织教师对数学文化领域的相关文献资料进行学习。

3. 实施阶段（2019 年 9 月—2020 年 10 月）

按实施方案有计划、有步骤地开展实践研究工作。

（1）课题教师阶段性地对自己所任教的班级进行对学习态度、学习习惯、学习效率、学业成绩等各个方面的评价，以此形成研究的相关数据，并建立相应的基础研究成果档案。

（2）定期组织课题教师举行课题研究例会与研讨活动。总结交流各自的经验，分析存在的问题和不足，及时制定调整研究策略。采取边实践、边思考、边学习的方式，并且总结出新的研究方法，不断调整与完善本次课题的研究方案，便于明确接下来的研究任务。通过交流研究体会，总结研究经验，撰写相关研究论文，积累研究成果。

（3）学生数学活动。

（4）教师课堂展示。

4. 总结阶段（2020 年 11 月—12 月）

成果汇报，整理资料，撰写报告，成果推广。

四、研究发现

（一）学生问卷调查情况

调查对象涉及学校四至六年级学生共 300 名，调查内容涉及学生对数学文化的了解，教师在课上渗透数学文化的情况，数学文化的作用及学生接触的有关的课外书籍 4 个方面 9 个问题。

为了保证调查结果的科学性、真实性、全面性，调查活动主要在学生课余时间进行，调查对象为三个年级每个班级中随机选取的学生。其中，四年级 100 名，五年级 100 名，六年级 100 名。300 名学生如实填写了学生调查问卷，发现存在以下问题：

（1）部分学生对于数学文化认识不够，认为对解题没有多少帮助，他们不能感受到数学文化对数学学习的促进作用，这样就不利于培养学生的数学素养。

（2）教师在课堂上对数学文化的渗透形式单一。

（3）学生对相关数学文化的课外阅读匮乏。

通过上述调查，了解到目前还有不少的学生对数学文化实质内涵的认识模糊不清，导致数学学习兴致缺失。

（二）教师问卷调查情况

教师问卷调查的对象是学校数学教师共 36 名，主要调研的内容包括教师的基本状况，教师自身文化素养水平和受教育程度，教师在课堂中渗透数学文化的方式、困难及建议 4 个方面 16 个问题。

为保证调查结果的科学性、真实性、全面性，调查活动利用教研活动时间进行。其中，一年级 7 名，二年级 7 名，三年级 6 名，四年级 7 名，五年级 5 名，六年级 4 名。涵盖了学校全体在校在岗的所有数学教师，能客观、真实、全面地反映出课题调研内容的具体现状。

针对调查中出现的问题，提出以下解决措施：

1. 转变数学教学理念

通过上述问卷调查的结果，了解到目前还有不少的教师对于数学文化的本质和内涵的认识都还模糊不清，没有从根本上考虑到当前小学生在数学课程中所获得的数学素养，导致了学生对于数学的学习兴致欠缺。所以，如果要想在小学数学课堂教学中全面渗透和弘扬数学文化，让数学文化能够发挥真正的作用和价值，必须进一步转变教师的数学教学理念，让教师意识到只有充分掌握和了解数学的内在价值及丰富的文化内涵，通过言传身教才能提升学生对于数学的学习和研究兴趣，发现和认识数学的文化价值。

2. 提高数学文化素养

文化素养的积累不是一朝一夕而成的，也不是一劳永逸的，需要教师与时俱进，重视并经常关注数学文化的发展，并始终坚持不懈地努力。教师数学文化素养的高低不仅表现在所拥有的各种数学专业基础知识的多少，还体现在综合性的技能和素质水平的高低。在教师授课时，这些综合性的数学素养可能会直接影响到教师和学生对于研究和学习数学课程的热情。所以，需要教师加强、丰富自身的数学文化素养，博览数学书籍，为数学文化渗透到课堂教学中奠定良好的基础。

3. "双基"中渗透数学史

新课改针对小学数学课堂教学的宗旨，就是要求学生必须具备相应的数学知识，并且能够紧密地联系实际生活。所以，教师在进行课堂教学之前，应该将有关数学文化历史的知识点融入自己的数学知识与专业技能。数学史在一定程度上能够促进学生对所学数学知识的理解和掌握，了解数学文化进步与发展过程，从而让大多数学生更加全面、深刻地认识到数学知识结构与体系。数学文化作为一门有着丰厚历史底蕴的科学，应该渗透在小学数学教学各个环节，为学生提升学习数学兴趣及个体可持续发展发挥其应有的价值。

（三）梳理教材中数学文化的显性、隐性渗透点

现行人教版小学数学教材的数学文化渗透点主要以以下形式显性呈现：

"你知道吗"的特点主要是用文字向读者介绍数学的一些基本背景知识，主要包括数学知识的演变与发展过程，以及历史上著名数学家的传奇故事等。

"生活中的数学"主要试图以一种图文并茂的形式来呈现与我们日常生活有着紧密联系的基本常识，或者展示数学在实际生活中的应用。

"数学游戏"主要以简要的图形配以相关游戏规则的说明，旨在借助游戏加深学生对所学知识的理解和对一些数学规律的了解。

"数学广角"是为了加大渗透数学思想方法的力度。主要包括找规律、推理、集合、搭配、优化等。这些教学内容既富有挑战性，又富有趣味性，有利于引导学生主动进行各种观察、实践、猜想、验证、推理、交流，初步认识和运用数学思维方法，这样有利于实现新课标所提倡的后"两基"，即基本活动经验和基本思想，培养用数学的眼光来观察解决实际问题的能力。

除了显性形式，还有很多是以隐性形式在教学中渗透，主要是以数学美、数学思维、数学精神等隐藏在数学知识里。这 3 个元素始终贯穿于数学课堂教学过程，它们是数学文化的核心和精髓，共同促进了数学教学，并共同对学生全面成长产生影响。

通过梳理，发现人教版小学数学教材中关于数学家的内容只是对他们的成就做了简单介绍，没有对其发现和探索过程进行介绍，也缺乏对其蕴含的数学精神进行强调。需要教师自己先学习再向学生介绍，教师引导学生在亲身体验或认真了解数学家进行创造性探索的过程中，培养良好的数学学习习惯，体会数学知识所蕴藏的思想与方法，领会数学家独特的价值观和精神品质，学习数学家为了理想锲而不舍、奋不顾身的精神，培养学生努力追求真

理、实事求是、逻辑清晰、严谨严密的理性精神。

（四）改变课外作业方式，有效促进学生对数学文化的了解

改变传统的数学作业布置模式，增加数学课外书阅读、数学日记、数学手抄报。从学生阅读笔录、日记、手抄报中不难看出，学生已经逐步感受和认识到了数学这门学科的作用，初步领略和认识到人类的聪明才智。

只要教师有目的、有意识地引导，学生就能在不断的感悟中获得体验与收获。学生把数学家当成偶像，对数学史、数学故事展现出浓厚的兴趣。通过把数学史的内容融入阅读笔录、数学日记、手抄报的活动，可以看出，学生眼中的数学是美丽的、精彩的，探索数学王国奥秘的兴趣也更加浓厚。

五、研究结论与启示

（一）研究结论

小学阶段掌握的数学知识、领悟的数学思想、养成的数学精神等，将直接影响学生综合素质的形成，甚至可以对他们的终身成长产生深远的影响。在新的课堂教学中，教师们开始高度重视数学文化，自觉地学习相关资料，结合现行人教版小学数学教材，将数学文化和数学基础知识自然结合起来，实现对数学文化的教育传承和有效渗透，从而极大地激发了学生参与数学学习的自主性和积极性，促进了学生数学综合能力的不断提高和文化素养的自我培育。

在当前小学数学课堂教学中，渗透式的数学文化教育能够有效培养和充分激发学生对于数学学科的学习兴趣，让学生彻底改变传统数学教学枯燥、难学的既有看法，重新认识和理解数学，甚至爱上数学，还可以训练学生的思维能力，促进其理性思维的发展。数学家故事、数学史等内容，可以对学生进行品德教育，完善其人格，培养其意志力。

同时，在小学数学课堂教学中充分渗透和弘扬数学文化，可以真正达到教学相长的目标，激发教师的教育、科研热情，提高教师自身的综合数学文化素养，从而促进数学课堂教育教学质量的提升。

（二）对课堂教学的启示

1. 要重视在小学数学教学中渗透数学文化的方式

小学生具有特殊的认知特点，这就决定了特殊的数学文化表达与呈现要以各个学段小学生的认知程度与其心理变化发展规律为依据。

低年级学生正处于形象性思维的阶段，易于理解和接受生动活泼、富有故事情节的事物。因此，这一阶段的小学数学文化主要是用生动形象的绘本等形式来呈现，同时增添些浅显易懂的文字讲解，图文并茂。中高年级学生抽象思维得到了一定的发展，所以数学文化的呈现要在保证生动有趣的前提下增加文字和符号的数量等。

2. 要丰富在小学数学教学中渗透数学文化的机会

（1）在课中渗透数学文化。

（2）在读中渗透数学文化。

（3）在练中渗透数学文化。

（4）在玩中渗透数学文化。

3. 在改变数学作业的布置方式中渗透数学文化

改变传统的数学知识技能性作业，增加数学课外阅读、数学日记、数学手抄报等，让学生在阅读课外书时领略数学的无限魅力，将自己所了解到的数学发展历史、感悟到的数学文化价值、领会到的数学思想方法记录在数学日记中，呈现在数学手抄报上，展现在和教师的交流中，让学生更好地内化自己所学的数学知识，形成知识链和体系，更深刻地去理解数学与实际生活的联系，体验数学在实践中的应用价值。

（三）研究不足与未来研究方向

1. 研究不足

在研究过程中，教师对数学文化的重视度普遍较高，他们充分肯定数学文化的价值，但是对数学文化的内涵认识不准确，数学文化素养还不够高。例如，在课堂教学中，教师对数学文化的内容挖掘还不充分，运用水平低级化；活动中强调过程意识，但活动类型较单一，不注重探索活动背后的文化元素；教学内容有深度，注重发展学生的思维，但不注重内容之间的联系；创设的问题注重文化性，但认知水平不高，无法充分激发学生思维；评价体系不完善，缺乏对数学文化的评价内容。

2. 未来研究方向

（1）教师要进一步转变教育理念，加强数学文化学习。教师的教育教学理念决定着教材观、知识观、教学观，决定了课堂教学的广度、深度和温度，从而直接影响着学生数学观念的形成和数学素养的提升。因此，教师需要进一步转变教育理念，备好教材，对数学知识追本溯源，掌握数学知识的来龙去脉，掌握知识形成过程中数学家们所有过的思想方法，做到自己拥有源头活水。

（2）教师要进一步重视渗透数学文化的本质，淡化外在形式的渲染。教师要充分挖掘内在的数学文化，重视学科间、知识间的关联。

（3）完善评价体系，确定对数学文化的评价内容。

参考文献

［1］张齐华．审视课堂：张齐华与小学数学文化［M］．北京：北京师范大学出版社，2010.

［2］杨光伟．数学教学文化研究［M］．北京：教育科学出版社，2009.

［3］顾沛．数学文化［M］．北京：高等教育出版社，2008.

［4］熊妍茜．数学文化在小学数学课堂教学中的实践探索［D］．重庆：西南大学，2016.

［5］杨虹越．小学数学课堂教学中数学文化渗透现状及对策研究：以秦皇岛市某小学为例［D］．秦皇岛：河北科技师范学院，2017.

［6］郑毓信．漫谈数学文化［J］．小学教学（数学版），2008（3）：37-39.

［7］黄秦安．数学课程中数学文化相关概念的辨析［J］．数学教育学报，2009，18（4）：1-4.

［8］李兴怀．试论数学文化与中学数学教育［J］．宝鸡文理学院学报（自然科学版），1997（2）：71-73.

小学高段数学教学中培养学生空间观念的实践研究

李　勇　贵州省遵义市湄潭县实验小学

一、研究缘起

（一）研究背景

数学是研究数量关系和空间形式的科学。在了解、学习空间形式时，教师要注意培养学生的空间观念。

空间观念是创新能力的一个基本因素，创新能力的培养离不开对空间观念的培养。空间观念和人的生存密切相关，了解、探索和把握空间观念，对于人们进一步认识和改造自己的客观世界来说是非常重要的。没有空间观念，就谈不上任何的发明创造。所以，探究并掌握空间观念的特征，发展和培养学生的空间观念是非常重要的。

但实际教学中，不少教师将课标束之高阁，不学习、不研读，只是按照自己的上课经验进行想当然的教学，再加上这部分内容在考试时占比较小、呈现的题目相对简单，很多教师认为花时间培养学生的空间观念不值得，导致学生到了高年级不能形成应有的空间观念，缺乏空间想象力。

（二）研究问题

（1）本校高段学生空间观念的培养现状是怎样的？影响学生空间观念建立的主要因素有哪些？

（2）培养小学高段学生空间观念的主要策略有哪些？

（三）研究目标

（1）改进课堂教学活动，切实建立和发展本校高段学生的空间观念。

（2）提炼出有效促进小学高段学生空间观念形成和发展的有效教学策略，促进学生空间观念的形成。

（四）研究意义

培育学生"空间观念"已成为新理念下数学课堂教学的重要组成部分，强化学生"空间观念"训练，有助于培养和发展学生的抽象思维和对空间的想象能力，帮助其提升数学核心知识素养，引导和促使学生更好地去认识、了解自己生活中的空间，更好地在社会上生存和健康发展。对课堂教学案例进行分析研究，有利于为以后训练学生的空间观念积累经验，促使教师在实际操作过程中不断创新方法，提高教学效率。

二、文献综述

（一）国内外研究现状

1. 国外主要研究

国外很早就有专家对学生空间观念的发展进行研究，比较有影响力的是皮亚杰的儿童空间观念理论和范希尔夫妇关于学生几何思维发展水平及教学阶段的相关论述。

皮亚杰认为，儿童的空间感知力是通过早期对物体的具体操作逐渐成长积累并发展起来的，有一个同化、顺应的成长过程。经常去想象看不见的物体，会帮助儿童正确理解各种不同的几何形体。学龄儿童在动手实践时，最重要的一点就是要对自己的各种行为不断加以自我反省，各种活动如果没有一种思考意识贯穿其中，则很有可能流于形式。因此，教师一定要积极鼓励、引导学生学会想象、预测、探究各种不同物体之间的相互关系。

范希尔夫妇认为，学生几何思维的发展从低到高大致可以被划分成3个层次：①直观水平——整体地认识几何对象；②描述水平——通过几何性质认识几何对象；③理论水平——利用演绎推理证明几何关系。

范希尔夫妇认为，年龄或者成熟进化程度不是一个学生整体思维表达发展能力的主要影响因素，范希尔夫妇更加注重解决教学过程中的一些问题，他们提出了发展学生几何思维水平的5个教学阶段：阶段一，引导学生理解学习的课题；阶段二，引导学生认识学习的方向，指导学生完成简单的一步作业；阶段三，明确词汇的意义，初步形成关联系统；阶段四，学生进行自由探索；阶段五，学生对自己的学习过程进行回顾，形成自己的观点。第五个阶段结束时，新的思维水平就形成了。

2. 国内主要研究

孙晓天等的观点是，空间观念必须通过积累丰富的生活体验，在参与活动中逐步建立和发展。学生空间观念的培养途径应当是多元化的，但所有的途径，其基础都应该是学生的经验。回忆过往经验、观察实物、操作、想象、描述、模拟、分析以及推理等都是可能的途径。实践活动时，要留给学生充分的时间去观察、测量、动手操作。

王林全认为应在对图形丰富的感性认识的基础上建立学生的空间观念。教师要创设条件，帮助学生从低年级开始通过多种途径感知与认识图形、模型与实物，通过观测、触摸，明确图形名称，分辨图形特征，甚至是对图形拆分和重新组合进行合理分类。

李玉龙、朱维宗论述了培养学生空间观念的有效途径：第一，明确活动目标，让学生有目的地观察和感知，促进空间观念的建立；第二，操作活动必须加强，以使学生获得空间观念；第三，让学生展开想象的翅膀，使空间观念得以巩固；第四，通过语言的描述，让学生把不能看到的空间说出来，使学生的空间观念得到增强；第五，变式练习、展开联想和情境再现，使空间观念得到深化。

韩龙淑、吕传汉认为，培养学生的空间观念要做到以下几点：一是在学生已有几何知识和经验的基础上合理启发；二是严格按学生几何思维的实际水平设计教学步骤，根据学生的最近发展开展教学活动；三是注重"过程教学"，把几何教学由静态转向动态，几何知识的发生、发展都要有学生的参与。

张文宇、范文贵认为，空间观念必须先有体验，然后才能在活动的过程中慢慢建立，对图形有丰富的感性认识是学生建立空间观念的基石。具体培养策略有运用多种形式表述几何概念，加强新知识和旧知识的联系，让学生获得基本的数学活动经验；用不同形式的直观材料或事例开展几何概念的变式教学；帮助学生清晰、准确地使用数学术语；利用多媒体帮助学生学习。

（二）研究述评

皮亚杰的儿童空间观念理论强调了组织操作活动对学生空间观念培养的重要性，同时指出操作活动时一定要结合想象、预测，进而探究物体之间的各种关系。范希尔夫妇关于几何思维水平和教学阶段的论述，指出了学生空间观念具有渐进性的特点，学生空间观念的形成和发展与其对知识的理解和掌握水平相关，同时也与其思维水平直接相关，这就决定了教师在小学数学教学中必须先安排直观认识常见几何体的学习内容，再安排常见几何体特征和概念的学习内容，逐步深入，层层递进，教学内容的开展要遵循学生认知发展的客观规律。

学生空间观念培养策略，专家们的观点主要有以下几点：一是要注意培养途径的多样化，强调以学生经验为基础，让学生大量参加实践活动；二是要把操作和培养学生的思维有机融合起来，活动要符合学生的思维发展水平；三是要引导学生在自主探究的基础上积极进行合作交流，不能只有个人自主探究而没有交流合作；四是要充分考虑学生的年龄特征，采取符合学生年龄特征的方法来开展课堂教学。

三、研究设计

（一）研究对象

湄潭县实验小学五年级（2）班、（4）班（全年级共 8 个班），以及六年级（1）班、（2）班、（3）班（全年级共 7 个班）。

（二）研究内容

（1）通过观察和调查本校高段学生，对本校高段学生空间观念的培养现状、学习兴趣点、薄弱点和影响学生空间观念建立的因素进行研究。

（2）小学高段学生空间观念培养策略研究。

（三）研究方法

主要采用了问卷调查法、访谈法、文献研究法等。

（四）研究步骤

（1）成立课题组，制定研究策略和路线。课题组成立后，课题负责人组织课题组成员认真开展文献研究工作，商讨并撰写课题选题设计论证书，制定适合学校学生发展实际的研究策略和路线图。

（2）开展问卷调查和课堂教学研讨。

四、研究发现

（一）培养学生空间观念现状

1. 本校培养学生空间观念存在的问题

通过对调查问卷进行分析发现，在实际教学中，部分教师仍然受到传统课堂教学理论观念的影响，将"教师的教"作为教学重点，完全主宰了课堂教学活动，学生的主体性没有得到体现，导致学生被动地接受知识，空间观念难以得到建立和发展。一部分教师似乎将学生当作了课堂教学主体，但其最关注的是学生在课堂上对知识的理解和掌握情况，而没有把学生的思维发展水平摆在重要的位置。

2. 学生缺乏空间观念的成因分析

（1）教师教学观念陈旧，教学方法单一。部分教师在应试教育思想的影响下，采取简单的"填鸭式""灌输式"题海战术，让学生死记硬背那些抽象的知识。这种以"知识为本"的教学观，使那些课堂上认真听讲、勤做笔记、死记硬背的学生深受教师的宠爱。至于学生学习过程中的兴趣爱好、态度情感以及动手操作实践能力，全都忽略了。长期下去，学生的空间观念和空间想象能力难以形成就在情理之中了。

（2）学生几何思维发展水平的限制。一方面，学生是通过感知来建立空间概念的，但他们对事物的感知是笼统的、不精确的，他们很难准确地感知事物的具体特征和事物各部分之间的关系。另一方面，学生以形象记忆为主，缺乏逻辑记忆，想象力相对较差，这影响了空间观念的建立与发展。

3. 确定行动研究方向

（1）教学方法上坚持操作和过程性教学。在教学时设计可行的动手操作活动，要有意识地让学生多动手，有意识地引导学生自主学习、交流合作。

（2）教师做好心理上的准备。教师要有长期让学生成为学习主体的心理准备。

（二）培养学生空间观念的有效教学策略

（1）把握课程标准的教学要求，明确空间观念的教学目标。

（2）重视操作性活动的设计和组织，引导学生通过操作活动认识、领悟几何形体的特征，促进学生空间观念的形成。

①充分了解学生，设计适宜的活动，促进学生空间观念的形成。操作活动中学生的多种感官都会主动参与，但这样的操作活动必须是学生感兴趣、有操作必要和能自主完成的。

②给学生留足独立操作的时间和空间，遵循由易到难的原则。学生空间观念的形成需要操作活动来支撑，但如果学生只是被动操作，没有思维的参与，不在操作的同时进行比较、分析、概括、推理，那么学生的空间思维是不会得到真正发展的。因此，操作活动中教师既要做好操作活动的指导工作，更要给学生留足操作的时间和空间。

③重视操作后的汇报活动，有效培养学生的空间观念。展示汇报环节，很多时候会流于形式，达不到交流目的。所以，在汇报过程中，教师必须抓住最为关键的地方，通过师生交流、生生交流为后进生答疑解惑。

（3）重视基本图形的识别和再现，强调分类、变式训练和画图练习。

①指导学生对图形进行分类并进行变式训练，深化学生对图形的表象。

学生在认识平面图形或立体图形时，往往会因为有些相近的图形存在诸多联系而出现认知上的混乱。为了让学生掌握各个图形的特征、性质以及不同图形之间的关系，可以通过分类的方式让学生把握图形主要的、本质的特征，从而形成更加清晰的表象。

学生经常通过标准图形来认识图形，如水平放置的正方形，左右两侧边相等的等腰梯形，其结果就是不能对图形的本质特征有清楚的认识，也不能正确判断变式图形。因此，教师不但要给学生呈现标准图形，而且要给学生呈现不同样式的变式图形，通过分析比较，找到它们的共同点，从而加深学生对图形的认识，使其准确掌握图形的基本性质。

对于一些基本图形和特殊图形的比较和认识，更是要精心设计教学。例如，在认识长方形、正方形特征后可以设计比较两者异同的教学环节，引导学生抓住"边""角"两个要素，理解两者的关系，为后续学习图形的认识做好准备。

②在画图中形成空间表象。

小学生的思维以直观形象思维为主，到小学高段时慢慢会有一些抽象逻辑思维，他们通过观察、实验和必要的动手操作来了解几何图形，建立几何图形的表象，进而深入理解几何图形的特征，不断促进空间观念的形成。由此，教师在教学时，可以采用感知事物—获取表象—抽象图形—画图理解的方式来帮助学生建立空间观念。

在遇到一些具有挑战性的题目时，教师可以指导学生通过画图来分析、解决问题，促进其空间观念的形成。

（4）重视教具、学具的制作和使用，为学生直观操作提供充分的物质准备。

有效的数学活动不能单纯地依赖模仿和记忆，动手实践、自主探索和合作交流是重要的学习途径。学生的空间思维能力还比较弱，以直观形象的思维为主，学生往往需要借助直观的物体建立空间观念，这时教具及学具的运用对于帮助学生树立空间思维有着事半功倍的作用。

（5）巧妙运用多媒体技术，为学生的抽象思维打好基础。

①运用多媒体创设情境，激发学习兴趣。

数学空间知识对于学生来说是抽象的，如果无法调动学生的主观能动性，教学效果就有可能大打折扣。与此相反，如果教师能够创设学生熟悉的、感兴趣的空间想象情境，不仅有助于学生快速融入数学课堂，激发学习兴趣，更重要的是可以为后续数学空间教学做好铺垫。

②巧借多媒体手段实现静态物体的动态化。

有些物体内部结构存在遮挡现象，导致从不同角度观察形状会有不同。巧妙利用多媒体教学手段，可以有效地帮助学生验证猜想的正确性、提升学生的空间想象能力。

③应用多媒体教学手段发展学生空间想象能力。

（6）引导学生开展体验活动，尝试解决生活中的实际问题，在解决问题的过程中培养学生的空间观念。

五、研究结论与启示

（一）研究结论

本研究通过对培养学生空间观念的相关文献进行系统学习和分析，对数学课程标准和教材进行学习，明确了小学生空间观念培养的目标，并针对小学数学图形与几何的 4 部分内容展开了一系列教学实践活动，探究出了一些基本的教学步骤，对高段学生空间观念的建立和发展起到了积极的促进作用，为全校数学教师的教学提供了参考。

1. 对学生的影响

这项研究的最大受益者是学生。课题组教师在课题研究过程中始终把学生的发展放在第一位，通过创设真实的生活情境，引导学生开展动手操作活动和课后实践活动，不但让学生建立了空间观念，促进了空间思维能力和空间想象能力的发展，而且通过相关猜想验证活动培养了学生的逻辑推理能力，为今后的数学学习打好了基础。

本课题研究活动激发了学生学习数学的兴趣。

2. 对教师的影响

课题的研究，激发了课题组教师学习的主动性，教师们积极去探究学生空间观念形成的客观规律，主动转变课堂教学理念和方法，积极交流教学经验，教研氛围空前浓厚，对其他教学工作的开展也起到了很好的促进作用。教师的执教理念和方式也发生了改变，教学过程变得更加高效。

（二）研究不足与未来研究方向

虽然此次研究取得了一定的成果，探究出了小学数学图形与几何各部分内容的基本教学步骤，对本校高段学生空间观念的培养起到了积极的促进作用，但由于课题组成员研究水平有限等，研究也存在以下方面的不足。

（1）课题组教师科研水平有限，在文献研究时不能进行全面、准确的文献综述。

（2）受教学时间的影响，图形的运动、图形与位置板块的教学探究活动开展得较少，一些教学策略还有待实施和验证。

鉴于以上问题，课题组成员必须加强专业理论知识学习，不断提高专业素养和研究能力，继续开展课堂教学研讨活动，优化培养学生空间观念的教学策略。

参考文献

[1] 王焕勋. 实用教育大词典［M］. 北京：北京师范大学出版社，1995.

[2] 刘晓玫. 小学生空间观念的发展规律及特点研究［D］. 长春：东北师范大学，2007.

[3] 王林全. 空间观念的基本构成与培养：兼谈美国如何发展学生的空间观念［J］. 数学通报，2007（10）：24-27.

[4] 孙晓天，孔凡哲，刘晓玫. 空间观念的内容及意义与培养［J］. 数学教育学报，2002（2）：50-53.

[5] 李玉龙，朱维宗. 小学初步空间观念及其培养［J］. 现代中小学教育，2008（10）：47-49.

[6] 韩龙淑，吕传汉. 空间观念的含义和特征及其教学策略［J］. 数学教育学报，2010，19（6）：20-22.

[7] 张文宇，范文贵. 小学生对空间观念的理解与培养策略［J］. 数学教育学报，2012，21（6）：91-93.

[8] 庞丽芳. 让空间观念在有效操作中升华：谈小学生数学图形的认识教学［J］. 华夏教师，2019（15）：62-63.

[9] 黄凌. 重视体验学习培养空间观念：小学"图形与几何"结构教学实例研究［J］. 课程教育研究，2019（14）：43.

[10] 王敏. 小学生空间观念培养的教学策略研究：以"图形的认识"为例［D］. 上海：上海师范大学，2018.

[11] 梁秋莲. 培养学生空间观念的研究与实践［J］. 小学数学教育，2020（21）：4-6.

[12] 袁良. 小学数学几何教学中学生空间观念的培养［J］. 文理导航（下旬），2020（6）：35，37.

[13] 高敏. 培养小学高年级学生空间观念的对策研究［D］. 长春：东北师范大学，2011.

小学数学基于"教思考"思维过程可视化的实践研究

尹　侠　贵州省遵义市余庆县实验小学

一、研究缘起

（一）研究背景

新课标明确提出了数学课堂教学应重视"思维过程直观性"的要求。教师实施"思维过程可视化"策略，是提升教学有效性的必然选择。思维过程可视化，符合学生数学学习的认知心理基础和认知过程。

（二）研究问题

（1）教材中部分内容，在编写上没有完整呈现学科核心知识与技能形成的可视化路径。

（2）教师不能灵活应用工具、手段、方法及流程使思维过程可视化。

（3）以适当"形象"的情境手段促进学生理解"抽象"数学的力度不够。

（三）研究目标

（1）实践上，通过执教后撰写的能够呈现思维过程可视化的数学课堂教学课例，使一线教师关注、指导、改进自我教学。

（2）理论上，针对课题组教师的典型课例总结经验，形成校本化的课堂教学"实践性理论"。

（3）技能上，教师在数学课堂灵活应用数学多元表征、视听双通道手段，促进教师专业能力成长、教学水平提高，提升学校办学品质。

（四）研究意义

引导教师在课堂上充分关注知识发展的"可视化"过程，提高课堂教学效率，提升学生数学素养，促进教师教技熟练、教法自然、效果明显，进而提高教学质量。

二、文献综述

（一）"思维可视化"国内外研究现状

1. 国外研究现状

对于思维可视化的研究最早来自国外。思维可视化技术是发达国家中小学教学中实用价值颇高的工具，有着较为明显的教学效果，诸多知名学府都在使用"思维可视化导图"。

2. 国内研究现状

为了分析和了解思维可视化在我国课堂中的整体使用状况，笔者对思维可视化在我国各学科领域中的有关研究文献进行了汇总和分析，研究发现，"思维可视化"在近年来处于增长趋势，且主要体现为思维导图、概念图等。

在文献研究过程中，笔者以"核心素养+思维可视化"为关键词在中国知网文献数据库进行检索，找到了刘濯源发表的《基于"思维可视化"的小学生数学核心素养发展策略》，该文章首先提出"什么是核心素养"，然后利用思维可视化图示法细致分析了核心素养的来源和组成部分，还探讨了如何实现小学生数学核心素养的发展，并提出要发展学生的核心素养必须对传统教学评价进行转型升级的主张。

严灿云引入了思维导图工具并主要研究了它在物理学科中的具体应用。她主要研究了思维导图工具是如何应用于物理课堂教学的，并归纳了思维导图工具可以在物理教学的哪些环境中使用，为本研究将思维导图应用于小学数学思考过程提供了启示与借鉴。

胡亚云围绕"如何构建基于思维可视化导图的教学方法"开展了一系列深入研究，在充分归纳和梳理思维可视化技术相关资料基础上，其探索了思维可视化技术在初中数学中的教学流程及操作环节，并尝试利用思维导图来辅助教学，设计并开展了相关教学范例，为此后的研究者提供了珍贵的学习参考。

刘桂芬等阐述了思维可视化在课前预习、课堂教学、课后复习以及考前复习中的具体应用方式，为小学数学的教学实践提供了行之有效的方法。

陈竹青和吴剑丽则重点研究了思维可视化方式在中考复习中对于知识点梳理与整合以及知识框架构建的实践作用。

（二）"数学表征"理论的借鉴

1. 表征与数学表征

有学者认为，学生若要理解某个数学结构，则必须在这个数学结构与一个更易理解的数学结构之间建立一个对应，而表征就是这个对应过程。它既不是表征的对象（被表征了的数学结构），也不是表征的目的（较易理解的数学结构），表征就存在这种对应的动态活动之中。表征，是一个包含对象与其他对象的相互转换。比如，从计算机上输入的代数表达式不能称为表征，只有当代数式的运算与外界情境的转换有了一种对应，才有了真正的表征。

有学者基于表征存在的形式以及表征在心理运作中的角色，认为数学表征应该区分为外在表征及内在表征来进行研究。外在表征是指以具体物、活动或实际情境等形式存在的表征。一般而言，外在表征不是文字符号就是图形符号，其中文字符号的表征较为抽象，它所表征的信息可以从任何知觉形式中取得，而图形符号较为具体，虽然也能从任何知觉形式中取得，但与视觉的关联性明显较强，因此图形表征也叫视觉化表征。内在表征是指存在于个体头脑而无法直接观察的心理表征。内在表征也有不同的形式，有些表征是个别的、外显的、能根据规则加以组合的，以及较为抽象的形式；有些则是非个别的、内隐的、具有宽松的组合规则，以及较为具体的形式。

还有学者综述了数学教育领域对表征的研究，归纳数学外在表征与数学内在表征的区别。数学外在表征是反映数学学习对象（数学学习对象是指需要学生理解和掌握的数学知识点，包括数学概念、命题和问题解决等；或数学陈述性知识、程序性知识和策略性知识等；或概念性知识、过程性知识等）的外在形式，包括传统的数学符号系统（如形式代数符号、实数数轴、笛卡儿坐标系），也包括结构性的学习情境（如包含具体操作材料、基于电脑的微世界）。数学内在表征则指个体对于数学学习对象的意义赋予与构建，包括个体的言语语义、心像、视觉空间标识、计划监控策略及启发法、数学的情感表征系统等。

由上可见，数学表征的本质是数学学习对象的一个替代。研究数学表征，应该区分外在表征与内在表征。下面重点论述具有显性的外在表征。

2. 数学外在表征

对数学外在表征分类，人们基于不同分类标准会得到不同的分类。例如，有的学者从思维发展的角度认为，数学对象的表征有 3 类：活动性表征、图像性表征和符号性表征。我国学者徐斌艳从数学教学的角度提出数学表征大致包括以下几种：形式化表征、图像化表征、动作化表征和语言化表征。相对于认知科学、教育心理学研究者对外在表征的分类，无论是叙述性表征，还是描绘性表征，由于数学本身的特征，数学表征的形式更加丰富。

有的学者从数学表征在数学学习中交流、认知等作用出发，指出数学学习中有 5 种外在表征系统：①实物情境，指解释学习内容或问题情境的真实世界的实际物品，如钱币、苹果、饼干等。②教具模型，指显示数学学习对象的内在关系的具体物，如积木、手指、算盘、数字卡、心算卡、分数板等。③图形或图表，指将数学关系予以具体、形象化表示或推理的图形或图表等。④口语，指日常口语和数学的特殊语言、数学专有名词，如三分之一、象限、集合等。⑤书写符号，指一般的书面符号和数学的特殊符号（数字符号、运算符号与关系符号等）。

对应到中小学数学的教与学，多数数学学习对象都可以用这5种表征系统的某些表征形式来表征。事实上，通过学生的口语表述、动作操作、推理阐述、同伴交流等外化表征活动过程，即可表明与反映出学生思考时的内在表征是什么样的；相应地，各种外在表征的给予将有力支撑学生建立一个丰富的、个体性的、相关的内在表征。

（三）研究述评

通过对"思维可视化"在国内外教学实践的研究发现，无论是画"思维导图""概念地图"还是知识体系的"结构图"，都是着眼于对思维结论（结构）的静态体现，是先有了知识、技能的积淀后，再应用"思维可视化"工具进行梳理归纳。同时，数学的本质是对"数"与"形"的抽象。因为要表达大脑中"抽象"的产物，则需借助"形象"的表象工具进行恰当表达，由此引入"数学外在表征"作为思维"过程"的形式化工具。实质上，数学学习中的内化感悟，就是通过"低阶化"的"图像"去解释"高阶化"的"原理"，以"降维"表达"高维"作为一种对应关系加以表达。

为此，本课题提出"思维过程可视化"是侧重于将"静态"的教学内容知识点通过图示呈现，在教学中引导学生去理解教学知识及技能发生的"动态"过程，促进学生深刻理解这是一种全新的教学思考实践。在教学中，则借助"数学外在表征"手段，尝试将"思维可视化"方式延伸到教学活动中，构建学科素养下的"思维过程可视化"教学模型，并通过教学实践检验教学模型的可行性，从而为一线教师提供一些策略、建议和参考。

（四）核心概念界定

1. 思维过程可视化

思维过程可视化是以发展学生的学科核心素养（思维能力）为目标，师生在教与学的过程中使用实物以及现代信息技术相互融合，把本来不可见的思维（思考过程和思考方法）清晰可见地呈现出来，便于理解和记忆，有效提高信息加工及信息传递的效能，促进学生对学科的深刻理解和灵活应用，是一种化隐性抽象为显性直观的"教"与"学"的有效策略。

2. 有效教学

有效教学要求教师遵循教学活动的客观规律，以尽量少的时间、精力和物力投入，取得尽可能多的教学效果，以教师的教学行为变革为起点，以学生的最终学习效果体现为归宿。有效教学包括 3 个层面的意义：有效果——对教学活动结果与预期教学目标的吻合程度的评价；有效率——对教学作为精神性生产活动的经济学描述，即教学产出与教学投入之比，或有效教学时间与实际教学时间之比；有效益——对教学目标与特定的社会和个人的教育需求是否吻合，即关注"质"的规定吻合程度及"量"的规定的评价。有效教学，目标指向学生能力素养的进步和发展。

为此，本课题研究目的主要是在小学数学课堂教学中，通过问题情境、文字与图式、教具学具的适当操作以及语言与数学符号的转换，将抽象的数学思考过程、思考方法借助具体媒介表达，便于学生记忆理解，实施有效教学，促进学生高阶思维发展，对数学有深度思考，积淀数学核心素养。

（五）理论基础

在本课题研究过程中，主要借鉴以下 4 方面教学理论作为实践理论依据。

（1）将思维可视化的"思维导图"发展为"思维过程可视化"。

（2）"学习迁移"理论是东西方教学"启发"与"探究"学习的基础。

（3）教学中应用莱什数学外在表征理论解读教材。

（4）教师在教学设计时采用心理认知负荷理论降低学生的学习负荷。

三、研究设计

（一）研究对象

（1）小学数学"四大领域"经典课型教学内容，进行思维过程可视化的分类设计课例，能在教学中再现知识、技能及数学思想的生长过程。

（2）在不同学段、学校进行教学，在课中学生能用类比映射方式联想学习，降低学生思维认知负荷，学习状态认真投入，学习有实效，关注学生的学习体验、思考、表达。

（3）执教教师撰写执教课例，反思总结"思维过程可视化"的教学经历，促进教师在实践反思中成长。

（二）研究内容

（1）在小学数学教学中，灵活应用思维过程可视化的教学策略，充分利用"现实情境、教具、学具、语言、符号及现代信息技术"等媒介，使学生对知识技能的学习具有动态的画面感，对学习内容有深度理解。

（2）在小学数学"四大领域"具体内容的设计中，教师主动应用"多元表征视听双通道"原则对内容进行设计，做到粉笔、黑板加直观化媒体手段的相互融合，有效设计数学中的"概念、计算、思想、应用（综合实践）"4种课型。

（3）教师经过思维过程可视化策略在数学教与学中的研究应用，提出数学概念群的系统观念来对应相应的直观教学模型，促进教师专业技能的提升，促进学科教学质量的提高，真正使师生受益。

（三）研究方法

本课题研究，按照文献研究—概念界定—问卷调查—现状分析—策略研讨—课型设计—课堂实践—矫正完善—理论提炼的路线进行，即将文献研究与数学课堂教学实验相结合，对师生数学教学过程中更好实现思维过程可视化的路径进行分析，寻求以具体教学内容设计及教学中建立科学可行的思维过程可视化形成策略，在理论与实践方面进行论证研究。

1. 文献研究法

课标、《数学学习的心理基础与过程》《数学教育学报》等相关论著、刊物为本课题研究奠定理论基础。同时，了解相关课题研究现状，为本课题研究提供借鉴。

2. 行动研究法

所有成员共同参与研究和实践，对数学课堂教学注重思维过程可视化的理念在实践中存在的问题，在行动中加以反思，探索问题的解决方法。

3. 调查研究法

有目的、有计划、系统地收集相关研究的现实或历史状况材料，对比分析，形成真实可靠的研究报告。

4. 比较研究法

利用对不同学段间、城乡间、校际间的数学课堂现状进行比较分析，找出差距与问题，为构建科学可行的数学课型奠定基础。

5. 经验总结法

总结课题研究所取得的成功经验与不足，梳理课题组教师在课题实践方面的成功经验，形成经验总结材料。

（四）研究步骤

1. 研究思路

（1）对小学数学思维过程可视化、知识可视化、知识概念地图等领域已有文献对比研究，辨析这些概念的内在联系与区别。

（2）分区域、学段，开展以义务教育阶段数学"四大领域"经典课型教学内容，进行思维过程可视化有效教学策略研讨，做到"先入法，后贯通"。

（3）根据不同的学段、区域，构建有方向性、层次性的教学设计指导教学。教学设计应兼容不同地域的学校，具有普适性，重点在数学教学中渗透"抽象、推理、建模"的数学基本思想，结合图形、文字、数学符号，将知识的发现过程、思考过程进行直观呈现。

2. 研究流程

（1）前期调研。在不同学校开展数学教师课堂教学现状调查，重点针对"思维过程可视化"教学观念访谈，了解数学教师对执教内容教学设计与教学策略的初始构想。

（2）课堂实践。课题组成员利用参与课题主持人的省乡村名师工作室、市级工作室研修，逐步在不同学校执教并展示交流，撰写执教实录，通过"备、上、评"各环节积累相关课型经验，进行实践性反思。

（3）提炼升华。形成针对具体教材内容较为成熟的教学设计，总结课堂执教方法路径，创建具有适合城镇、农村地域特色的有效课堂，以团队交流方式分享真实常态的课堂教学。

（4）推广完善。以教学案例、论文、实验报告等形式呈现成果，在不同学校进行推广，指导课题组教师进行自己执教的课例写作，实践与理论结合，有条件时对相关高质量成果进行公开发表。

3. 具体步骤

（1）第一阶段：准备阶段（2019 年 2 月—5 月）

①成立课题组，确定研究目标、内容、对象，查阅相关文献资料，寻找理论依据。

②选定课题，完成课题申报、立项工作。

③组织召开课题开题论证会，举办课题研究人员培训，明确研究的中心和任务。

（2）第二阶段：研究阶段（2019年6月—2020年12月）

①实施课题研究，开展研究设计。

②分析研究情况，调整研究方案。

③总结阶段成果，形成研究报告。

（3）第三阶段：结题阶段（2021年1月—2月）

总结、反思，整理、收集资料，撰写结题报告。

四、研究发现

（一）概念课教学模块

应用"具体模型+图形+符号"组合设计，引导学生通过深度思考学习概念，对概念的理解影响持久。

1. 研修课例

关于小学数学"四大领域"中的概念教学，课题组成员在研修中重点执教以下课例并展开研讨：①"面积和面积单位"；②"比例尺"；③"三角形的特性"；④"四边形的认识"；⑤"圆的认识"；⑥"平移"；⑦"认识几分之一"；⑧"平行与垂直"。

2. 课例综述

（1）概念课教学：以学生对数学知识点的"前概念—直观化"为教学起点。

（2）概念变式：提供概念非本质属性的"多元表征样例+变式问题"，让学生在"例中学"和"做中学"的辨析中加深对概念的理解。

（3）概念直观：经历"用情境—舍情境"思维过程可视化体验过程，形成数学概念表象，便于深层记忆。

3. 本模块研究发现

课题组认为，概念是个体心理认知事物的思维形式，反映的是事物本质属性。数学概念则是反映数学学科的本质属性，即反映现实世界的空间、数量的本质。

根据数学多元表征学习的认知模型、多媒体学习的认知理论，无论是听觉/言语工作记忆，还是视觉/图像工作记忆，它们加工信息既相互独立，又相互参照。当叙述性表征（语言、文字、符号）和其对应的描绘性表征（情境、教具、模型）在空间上彼此邻近或组合时，一方面，工作记忆不必花费太多的认知资源或能力去搜索一致的信息，而集中注意对多元表征信息进行选择与组织；另一方面，工作记忆同时继续进行自身转换与参照转译等高级思维操作活动。如果叙述性表征和其对应的描绘性表征在空间上彼此远离时，工作记忆必须花费不必要认知资源或能力去做诸如搜索远离的信息这样的无效活动（即增加了无效负荷），进而导致只有较少的认知资源或能力进行选择与组织、转换与转译等认知操作。

为此，课题组根据概念的叙述性表征和对应的描述性表征相互关系，提出"小学数学概念教学群"的观念，建立系统的"数学概念群"① 教学直观化思维结构，引导教师的教学经历由"具体到抽象"的路径，而后续"高阶抽象概念"教学可借助前面"低阶抽象概念"作为表征来对应，较好减轻相近数学概念理解的思维负荷。

（1）小学数学概念课思维过程可视化教学的实施策略

数学概念课教学，在符合学生心理认知规律的前提下遵循从具体到抽象、从感性到理性、从特殊到一般、从低级到高级、从体验到理解的动态教学原则。现行小学数学教材中，部分数学概念在第一学段作初步认识，到第二学段又进一步认识，即遵循概念的理解"先直观后抽象"螺旋式递进的原则。最为典型的是三年级有"分数的初步认识"，到五年级则有"分数的再认识"；一年级上册让学生认识长方体、正方体、圆柱体，到五、六年级又具体学习这些立体图形的特征、计算等。

概念课思维过程可视化教学具体策略实施路径见图1：

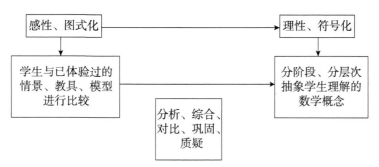

图1　概念课思维过程可视化教学具体策略实施路径

（2）概念课教学思维过程可视化的一般操作流程（见图2）

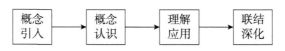

图2　概念课教学思维过程可视化的一般操作流程

---

①　数的概念、运算概念、整除概念、单位概念、几何概念、比与比例概念、方程概念、对问题解决涉及的关系概念、统计概念、概率概念这 10 个概念群。

第一步：概念引入。从以下 3 个途径引入。

①从实际引入，用实物、学生熟悉的事例引入。

②从旧概念（前概念）引入，从学生以前学习的旧概念引入新概念。

③从计算产生质疑引入，很多概念由计算引发认知冲突引入，如循环小数、乘法分配率等。

第二步：概念认识。从以下 3 个途径进行。

①教师引导学生对实物、事例等含有数学信息的感性材料进行观察比较。

②揭示概念的本质属性及概念的实际用途。

③用语言文字、符号抽象概括并表达概念。

第三步：理解应用。

学生理解了概念，不等于掌握了概念。学生需经过多种形式的练习，在应用中逐步掌握概念。

第四步：联结深化。

小学数学概念在小学数学教材中分学段螺旋循环编排。在单元学习的"后续概念"应与其他年级所学的"前概念"之间通过概念图式建立联结，形成各领域的"数学概念地图"，并以"同化""顺应"的方式纳入整个数学概念的体系，加深对概念的理解。

4. 结论归纳

（1）概念课教学，应从低年级抓起，让学生逐步形成对数学"元概念"理解具有直观"画面感"动态思维过程的习惯。

（2）概念课教学，应注重数学多元表征的阶段性和连续性。

（3）概念课教学，应先直观后抽象，在学生心里留下清晰的概念图式。

（4）概念课教学，应在揭示思维过程时做到方法灵活多样。

（5）概念课教学，应在练习中通过巩固、归纳、比较，加深对概念的理解。

（二）计算课教学模块

应用"视觉化+听觉化"双通道原则，帮助学生分散思维无效负荷，进行思维转换与转译等深层加工。

1. 研修课例

关于计算课教学，课题组成员在研修中重点执教以下课例，并展开研讨：①"分数乘整数"；②"多位数乘一位数"；③"整百整十数的加减法"；④"分数除以整数"。

2. 课例综述

计算课教学，重点侧重于以现实情境抽象出整、小、分、百、比的四则运算，是学生对算理工具性（程序化）理解基础上的技能训练，在运算能力提升过程中对各种运算直观类比，遵循"基础运算模型"可视化原则，促进对数学运算原理、算理、定律、规则的形象理解，并逐步通过运算发现新的运算原理并加以解释。

（1）计算课教学，以现实直观模型为起点，理解四则运算算理的"抽象过程"和"推理原则"，培育良好的数感。

（2）计算课教学，从数的分类开始，经历从实物表征到符号多元表征抽象演进过程，教学具有明显的阶段性。

（3）计算课教学，应通过学生的竖式运算直观查找自我错误，有针对性地纠正非智力因素形成的错误习惯。

3. 本模块研究发现

（1）数学计算规则的组成中注重操作直观的过程

通过对小学数学计算课教学内容的梳理，小学数学的计算规则包括计算法则、计算性质、计算方法3个方面，是计算教学的基础。这些规则的形成首先是在"典型化规则情境"可视化记忆中（具有操作动态直观画面感）明算理，懂算法，然后对方法的灵活运用。

（2）数学计算规则的分类中注重运算类比的过程

数学计算规则以遵循逻辑推理为前提，按不同的标准进行了分类。

按层级分类，含一级计算，包括加减法；二级计算，包括乘除法；三级计算，包括乘方、开方。

按计算涉及对象分类，含整数、小数、简单分数四则运算。

按计算形式分类，含口算、估算、笔算。

按学习目标分类，含四则运算、性质运用、名数改写、情境计算。

在对数学规则的教学中，教师要以学生掌握的规则进行沟通联系类比，建立起数学计算的规则体系。如果将其中一种分类看作"直观前计算规则"，引导学生发现更多的分类之间具有新的联结，则学生对规则的理解更有深度，最终的计算抽象程度更高，学生的思维层次不断向高阶状态跃进。

（3）数学计算课教学两种基本模式的恰当应用

课题组对小学数学教材涉及计算课教学的例题编写加以研究，结合不同学校一线教师针对计算课教学的课堂结构模式，总结出计算课教学的2种基本模式。

①"例子—规则"思维过程可视模式。这种模式操作方法为先向学生呈

现某个算理的若干例子，引导学生观察、尝试、讨论，逐步发现并概括出一般性算理规则。课堂结构为感知例子—观察发现—形成表象—逐步抽象—概括规则—练习巩固—实际应用。

在教学时应把握原则：一是学生要具备相应的数学概念；二是教材或教师提供的例子具有典型性，教学注重直观可视规则；三是教学中集中时间、板书体现规则形成过程的可视化；四是算理呈现层次清晰，降低学生理解难度。

②"规则—例子"思维过程可视模式。这种模式操作方法是教师先向学生呈现某个将要学习的规则，然后以一定数量典型的例子来验证说明规则。课堂结构为列出规则群—阐明算理—举例验证—形成表象—变式练习—强化应用。

在课堂教学时应把握原则：虽然先给出结论，但不是简单的被动接受学习。教师在课的开始阶段，先给出与规则有关联的一组例子，引导学生抽象出共有本质属性；然后将属性赋予具有情境性的实例去合理猜想验证。这一过程带有发现、探究的课改理念。

（4）小学数学计算课教学的基本流程（见图3）

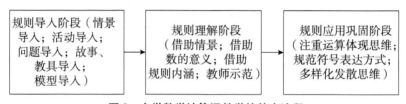

图3　小学数学计算课教学的基本流程

4. 结论归纳

（1）目前学生的计算能力确实不容乐观，主要体现在计算概念和算理掌握不扎实、口算笔算化、估算能力弱、灵活运算能力欠佳等方面。

（2）造成学生计算能力较弱的主要原因：一是计算概念的教学上存在误区，教师在计算概念教学、演算算理教学、运算灵活教学上缺乏有效的教学策略。二是学生个性化的心理特点。

（3）教师教学计算概念时，首先，应让学生在现实中寻找模型，进入数学思维活动阶段。然后，借助多种方式表征，让学生将计算概念内化，达到程序阶段和对象阶段。最后，让学生在解决问题中理解新概念，建立起与其他概念的联系，帮助他们达到图式阶段。

（4）教师教学算理时，应根据学生的思维特点，先借助直观模型让学生初步理解算理，然后学生通过动手、动脑、动口进行自主探究，与算法"规则"对比，让学生明确算理，最后通过实际应用来验证算理的科学性。

（5）计算教学应是灵活的，教师在长期坚持中，先通过口算、估算教学渗透灵活运算的策略，打好灵活运算的基本功，然后在算法多样化基础上优化计算过程，让学生经历策略选择的过程，最后通过一定量的训练使计算逐渐灵活。

（三）数学思想渗透课教学模块

1. 研修课例

数学思想渗透课教学的研究，课题组成员在研修中重点执教以下课例，并展开研讨：①"数与形（1）"；②"数与形（2）"；③"三角形的面积"；④"平行四边形面积计算"。

2. 课例综述

在小学数学教学中，渗透数学思想的课堂教学是较高层次的教学创造，它让学生在经历理解概念、算理、规则后，促进思维品质的培养提升，形成良好的学科核心素养。通过查阅相关文献，发现这些课例基本上具备"数学思想"的"内核"渗透。为此，课题组在本专题研修进程中，以自己的课堂为实验基地，积极探索在真实课堂里渗透"数学思想"课型教学的实施途径。

（1）数学思想，渗透在研读教材准确把握例题编写意图之中。

（2）数学思想，在教学设计和相应的变式练习中加以渗透。

（3）数学思想，典型的现实情境作为过程可视化切入教学的起点。

3. 本模块研究发现

课题组在研究过程中，围绕"什么是数学思想""小学阶段渗透哪些数学思想""怎样在课堂直观实现"3个环节展开专题式探讨，现作出如下思考。

数学思想是指人们对数学理论与内容的本质认识，是从具体数学表象的认识过程中提炼出的一些普遍性观点，揭示数学发展中普遍的规律，它直接支配着数学的实践活动，是对数学规律的理性认识。

数学思想和数学方法的区别和联系。数学思想理论性和抽象性高，数学方法实践性强。进行数学思想教学，要靠一定的数学方法；选择数学方法，以一定的数学思想为依据。由此，两者通常合称为数学思想方法，它们是数学的灵魂。

小学阶段涉及的"数学思想群"：抽象思想、推理思想、模型思想。

常用数学思想方法：符号思想、化归思想、类比思想、分类思想、集合思想、函数思想、模型思想、数形结合思想、演绎思想、变换思想、统计思想、概率思想等。

4. 结论归纳

（1）小学数学教材中隐含有数学思想教学的例题、习题资源，但因学生的认知水平局限，不能采用对学生直接告知的方式学习。

（2）数学教师要具有研读数学教材中所含数学思想的专业素养，在课堂教学设计及学生学习方法指导上以直观可视化原则恰当渗透数学思想。

（3）梳理出小学数学教材中数学思想，其中最基本的是课标要求的抽象、推理、模型思想。结合学生认知实际，举例对符号思想、数形结合思想、分类思想作重点归纳，这 3 个数学思想方法对学生后续的数学学习有很大的影响。

（四）"综合与实践"课教学模块

课标明确提出，应重视"综合与实践"，并对"综合与实践"的定义及课时安排进行了明确：它是一类以问题为载体、以学生自主参与为主的学习活动。在学习活动中，学生将综合运用"数与代数""图形与几何""统计与概率"等知识解决问题。"综合与实践"的教学活动应当保证每学期至少一次，可以在课堂上完成，也可以课内外相结合，目的在于培养学生综合运用有关的知识与方法解决实际问题，培养学生的问题意识、应用意识和创新意识，积累学生的活动经验，提高学生解决现实问题的能力。

在本课题研究的数学"综合与实践"教学课例分为两类：一类是课内"综合与实践"课，包括每册教材目录中带"五角星号"的专题内容和"数学广角"，如"一亿有多大""打电话""烙饼问题""自行车里的数学"等；另一类是课外"解决问题"课，重点引导学生应用数学知识解决典型的现实问题。

1. 研修课例

课内"综合与实践"课的教学研究，课题组成员在研修中重点执教以下课例，并展开研讨：①"有趣的搭配"；②"鸽巢原理"；③"植树问题"；④"打电话"；等等。

2. 本模块研究发现

课标涉及的"问题解决"教学将反映在"综合与实践"板块。从课标论述来看，数学教材中"综合与实践"课是适应当前数学教育国际化发展趋势，补齐我国课改前重"分析、解决问题"轻"发现、提出问题"短板，形成并提升学生数学问题意识，使学生获得高层次数学思维能力的需要。

3. 结论归纳

小学数学中以"综合与实践"培养学生问题解决能力的过程，实质是学生在教师指导下，通过分析不同数学情境，顿悟情境中蕴含的数学智慧的过程。利用思维过程可视化策略进行"综合与实践"教学的路径如图 4 所示。

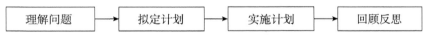

图 4　利用思维过程可视化策略进行"综合与实践"教学的路径

五、研究结论与启示

（一）研究结论

（1）小学数学教材的编排遵循"利用多元表征思维可视化"体系。

（2）数学思维过程可视化教学能力的形成要求教师具有"二度教材开发"的专业素质。

（3）数学思维过程可视化教学，要求概念明确、计算准确、学会应用，统一指向数学思想及学科核心素养的培育。

（4）数学思维过程可视化教学，促进了一线数学教师专业能力的提升。

（5）数学思维过程可视化教学，为学生学习数学提供了良好的路径示范。

（二）对实践与研究的启示

（1）数学学习，始于直观，终于抽象。

（2）数学减负，弱化重复，强化思维。

（3）数学思考，数形结合，直观可视。

（三）研究不足与未来研究方向

（1）本课题研究立足于本校，仅对教材中较为普遍的典型课例作了相关研讨，没有顾及教材中所有课时怎样通过"多元化数学表征"进行灵活重组和有效设计。

（2）本课题仅依托学校进行了校级范围研究，没有深入到更多的学校去做深入的调研，样本有限。

（3）本课题研究重点关注教师对相关课型模式的梳理等，未形成理论教学体系。

参考文献

［1］韩云桥，论数学学习的经验性思维［J］．数学教育学报，2015，24

（5）：51-54.

［2］严晓蓉，何高大．视觉学习视角下的语言可视化表征与教学应用［J］．远程教育杂志，2015，33（2）：46-54.

［3］鲍建生，周超．数学学习的心理基础与过程［M］．上海：上海教育出版社，2009.

［4］黄秦安．数学课程改革向何处去：关于基础教育数学课程与教学改革的调查报告［J］．数学教育学报，2011，20（3）：12-16.

［5］严虹，游泰杰，吕传汉．对数学教学中"教思考教体验教表达"的认识与思考［J］．数学教育学报，2017，26（5）：26-30.

［6］托尼·巴赞．思维导图：放射性思维［M］．李斯，译．北京：世界图书出版公司，2004.

［7］刘濯源．基于"思维可视化"的小学生数学核心素养发展策略［J］．江苏教育，2016（17）：7-9.

［8］唐剑岚．数学多元表征学习及教学［M］．南京：南京师范大学出版社，2009.

［9］余文森，刘冬岩．有效教学的基本策略［M］．福州：福建教育出版社，2013.

［10］孙崇勇，李淑莲．认知负荷理论及其在教学设计中的运用［M］．北京：清华大学出版社，2017.

［11］匡继昌．如何理解和掌握数学概念的教学实践与研究［J］．数学教育学报，2013，22（6）：74-78.

［12］杨庆余．小学数学课程与教学［M］．北京：中国人民大学出版社，2010.

［13］邱学华．儿童学习数学的奥秘［M］．福州：福建教育出版社，2013.

［14］涂荣豹．数学教学认识论［M］．南京：南京师范大学出版社，2003.

［15］孙晓天．数学课程发展的国际视野［M］．北京：高等教育出版，2003.

［16］张奠宙．中国数学双基教学［M］．上海：上海教育出版社，2006

小学英语规范书写策略的实践研究

赵莹莹　贵州省遵义市正安县第三完全小学

一、研究缘起

（一）研究背景

1. 政策背景

新课标指出，要通过英语学习，使学生形成初步的综合语言运用能力，促进学生心智发展，提高学生综合人文素养。英语规范书写是小学生英语学习过程中的一项必备技能。

《关于深化教育教学改革 全面提高义务教育的意见》提出，要坚持"五育"并举，全面发展素质教育。"五育"中的美育，也称审美教育或美感教育，以培养审美的能力、美的情操和对艺术的兴趣为主要任务，是中小学教育的重要组成部分。清晰、整齐、美观、规范的英语书写，既能给学生以智慧的启迪，又能使学生得到美的享受，激发学生的学习热情，培养他们对美的理解力、想象力和创造力，并帮助他们形成良好的品质。由此可见，规范书写也是美育在英语学科教学中的应用与落实。

2. 教学现状

（1）学生方面

很大一部分学生记不住书写要求，英语印刷体和手写体区分不清，字母占格不对等。

（2）教师方面

部分英语教师对教学中的规范书写引导不够，没有用四线三格示范书写；教师对学生的书写进行的现场检查及指导较少，一部分教师很少对学生规范书写进行强调等。

（3）学生活动

这里的"学生活动"多指以英语规范书写为主的比赛、展示等，调查显示，绝大多数班级开展英语书写活动不积极，有的甚至从不开展英语书写活动。

（二）研究问题

（1）小学生英语书写现状如何？

（2）在教育教学活动中，培养小学生良好英文书写习惯的策略有哪些？

（三）研究目标

（1）培养小学生良好的英文书写习惯。

（2）增强教师的研究意识，提高教师的教学能力。

（四）研究意义

学生在书写活动中可以不断增强规范书写的意识，端正态度；在比赛活动中可以丰富学习体验，促进心智发展；以读促写，规范书写的同时促进学生思维发展。

课题组教师在教学实践中可以不断发现问题，总结反思，进而提高研究能力，树立研究意识，为今后的成长打下基础。

二、文献综述

（一）研究现状

阅读文献可以发现，许多小学甚至中学英语教师对学生英语书写比较重视，他们对英语规范书写的重要性做了许多论述，大致可分为以下几种：做好示范、激发兴趣、习惯养成等。这些理论成果对本研究有着非常重要的指导意义，为本课题研究的理论基础做了很好的铺垫和指导。

《小学高段英语书写的策略研究》提出，教师要重视板书的存在。通过板书，学生不仅能有效地吸收有意义的学习内容，还能不断地感知，接收到规范的书写要求。

《让英语书写的"根"扎得更深》提出，教师无论是在课堂的板书中还是在作业的批改中都要规范自己的书写，在新授字母教学中，教师要特别注意字母书写的示范，用规范的步骤演示，把学生的注意力吸引到有价值的信息中，使学生在潜移默化中规范自己的书写，不断提高书写水平，培养良好的书写习惯。

《如何对英语初学者进行字母教学》一文提出，要充分利用信息技术，利用教学资源去促进学生的规范书写。这对本研究有着较大的启发和影响。

许多教师提出把规范书写与听、说、读联系起来，因为这4项基本技能本身就是相辅相成的，但他们的研究大多是理论阐述，而本课题在研究中提出的"以读促写"的观点更加具体，更具操作性。

（二）核心概念界定

1. 英语规范书写

规范是指明文规定的标准，具有明晰性和合理性。英语规范书写即按照英语语言中正确的字形、笔顺、占格，熟练、清楚、规范地对英语语言中的字母、单词、句子进行书写，做到大小写、词距、标点等正确、规范。

2. 策略

"策略"就是为了实现某一个目标而进行一系列的行动、思考、选择。

本课题提出的"小学英语规范书写策略"是指教师通过教育教学活动等途径，为实现学生准确、得体、美观地书写英语字母、单词、句子等目标而采用的一系列行动、思考、选择，简而言之，就是实现学生规范书写的各种方法和途径。

三、研究设计

（一）研究对象

正安县第三完全小学三至六年级共 100 名学生。

（二）研究内容

（1）正安县第三完全小学三至六年级学生英语书写现状。

（2）小学三至六年级书写规范标准。

（三）研究方法

本课题研究按照文献研究—概念界定—问卷调查—现状分析—课堂实践—活动实践—教师研讨—矫正完善—理论提炼的路线进行。

1. 文献研究

有目的、有计划地收集、研读相关研究历史材料，为本课题研究奠定理论基础。同时，了解相关课题研究现状，为本课题研究提供借鉴。

2. 问卷调查、现状分析

根据实际情况制定调查表，有目的、有计划地调查学校学生英语书写的情况，通过对比分析，总结得出学生书写现状有关报告，梳理小学英语书写规范标准，对照进行策略研究，最终形成真实可靠的研究报告。

3. 活动实践

所有课题组教师共同参与学习、课例展示、课题研讨、学校比赛活动等，交流分享、总结归纳出小学生英语规范书写策略，并在教师的教学实践中运用和检验。

4. 理论提炼

梳理课题组教师在课题实践方面的成功经验，形成经验总结材料。

（四）研究步骤

1. 研究计划

本研究计划从 2019 年 6 月至 2020 年 9 月分 3 个阶段进行。2019 年 6 月至 2019 年 7 月为准备阶段，2019 年 8 月至 2020 年 7 月为实施阶段，2020 年 8 月至 2020 年 9 月为总结阶段。

2. 研究过程

（1）学生书写现状调查

2019 年 9 月，课题组教师就正安县第三完全小学三至六年级学生的英语书写现状进行了问卷调查，表 1 为调查问卷。

表 1 　　　　　　　　　英语书写调查问卷

调查问题
1. 你喜欢学习英语吗？
非常喜欢
比较喜欢
喜欢
不喜欢
讨厌
2. 你是否分得清英语字母的印刷体和书写体？
完全能
部分能
完全不能
3. 在书写英语字母时，需要向什么方向倾斜 5°～10°？
向左
向右

调查问题
4. 你能书写出 26 个英语字母的大小写吗？
能
不能
5. 26 个英语字母中，你容易写错的有哪些？（可多选）
Aa, Ff, Gg, Ii, Jj, Kk, Nn, Pp, Qq, Tt, Vv, Xx, Yy
6. 书写英语字母、单词出错的原因有哪些？（可多选）
上课没有认真听讲，不知道怎么写
粗心大意
个别字母印刷体与书写体混淆不清
其他原因
7. 英语教师课堂上给学生示范书写时会用四线三格吗？
经常
偶尔
不会
8. 教师教学字母、单词书写时会对学生的书写进行现场检查及指导吗？
经常
偶尔
不会
9. 教师会对学生强调规范书写吗？
经常
偶尔
从不
10. 班级开展英语书写活动的频率？
经常
偶尔
从不

调查发现，学生在英语书写方面存在如下问题：

①英语印刷体和手写体区分不清。

②忘记书写要求。

③粗心大意，丢标点。

主要原因有以下两个方面：

①学生方面

学生知识掌握不牢固，字母印刷体与书写体混淆。在三年级基础阶段，由于刚学习英语字母，学生不重视，觉得字母是很简单的东西，只要照着书写就可以。然而，书本上往往是印刷体，学生容易受印刷体的影响，从而影响书写。同时，受语文拼音的影响，学生在学习英语字母书写时，容易将一些英文字母写得和拼音一样。基础没有打牢，到高年级单词、句子及语篇书写时就会受到一定的影响，加之要求及规范越来越多，学生书写时粗心大意，就容易不规范甚至出错。

②教师方面

教师对初学字母、单词、句子书写的引导形式单一，未能激发学生的学习兴趣。部分教师的示范做得不够好，没有用四线三格进行规范书写，比较随意。教师在教学字母、单词、句子书写时，对学生的书写进行现场检查及指导的比较少，导致一部分学生书写方面的问题没有得到及时纠正；教师在学生的作业中也没有给出明确的建议，例如，教师在批改学生作业时只是给一个大概的评价，诸如 Good，Great，Wonderful 或 A、B、C、D 这样的等级，有的甚至只是在错误的字母、单词、句子上画一个圆圈、斜杠之类的符号，让学生逐渐形成了不规范书写的习惯，等等。

（2）小学英语书写的分年级要求的研制

基于课标及英语学科核心素养要求，课题组教师通过认真阅读、查阅关于英语规范书写方面的文献资料，梳理出了小学英语书写的分年级要求，具体见表 2。

表 2 小学英语书写的分年级要求

年级	书写要求
三年级	1. 能够按照正确的笔顺在四线三格中规范书写 26 个字母的大小写。 2. 能够在四线三格中抄写简单的英语单词。 3. 能够正确抄写简单的句子
四年级	1. 能够在四线三格中正确抄写英语单词与词组。 2. 能够规范书写简短的句子（特别注意：书写句子时，首字母要大写，末尾要加上标点符号）。 3. 能够看图书写相对应的单词，做到规范、美观

年级	书写要求
五年级	1. 能够看图书写单词和句子，做到大小写、笔顺、词距、标点和格式正确。 2. 能够仿照示例写句子，做到书写规范、美观。 3. 能够仿照示例写出意义连贯的内容，做到正确运用标点符号、规范书写单词
六年级	1. 能够仿照示例在单线上正确、规范地书写语义正确的句子。 2. 能够根据主题写出意义连贯的短文或创作故事等

（3）规范英语书写策略探寻

为了探寻规范英语书写策略，根据梳理出的小学英语书写分年级要求，课题组教师在教育教学中不断探索、不断反思、不断实践，得出以下策略。

①教师在教学过程中可以采用示范、游戏激趣、评价等策略。

②教师可以为学生准备英语书写"工具"——英语字母表。

③可以把高阶思维逐步融入学生的书写活动，从最初的模仿写到选择写，再到以读促写，逐级提升，激发学生的学习兴趣，在规范学生英语书写的同时不断培养学生的思维品质。

五、研究发现

（一）英语书写示范是促进学生规范书写的前提

教师应该加强学习，做好引领，通过富有感染力的示范，为学生树立良好的榜样，培养学生正确的审美意识，使学生在教师的示范下规范书写英语字母、单词、句子等。

（二）兴趣可以激发学生规范书写的动力

兴趣可以激发学生规范书写的动力，而为了激发学生学习英语的兴趣，可以从教学活动、作业布置等方面入手。

1. 丰富多彩的竞赛活动促书写

小学英语规范书写是一个枯燥乏味的话题。小学生灵活、好动、想象力丰富，一味地让他们照例抄写或仿写，久而久之，只会让学生觉得乏味甚至反感。丰富多彩的竞赛活动则有利于激发学生的书写兴趣，从而促进学生书写能力的提高。

（1）班级活动打基础

班级活动是最常见、最活跃的活动形式。在平常的教育教学活动中，教师可以在课堂上组织一些有趣的书写活动，如"大小字母配对""句子连连看""大家来找茬儿""我是小教师"等。

（2）校级活动拔高度

与常规的班级活动相比，校级活动在规格、形式等方面要求更高，更能激发学生的积极性，激发学生的主体潜能。因此，每学期举办一些英语书写校级竞赛活动，对于促进学生规范书写有着积极的作用。

2. 多样化的作业布置激发学生兴趣

英语书写作业比较常见的是抄写、仿写等，为了激发学生的书写兴趣，也可以适当布置一些不一样的书写作业。比如，每学完一节课或是一个单元，根据需要，梳理本节课或是本单元重难点单词、句子等，也可以适当安排学生阅读英语绘本、观看英语动画片等，还可以用制作思维导图、创意海报、手抄报等方式来使书写作业不那么单一、乏味，让学生在完成作业的过程中，一方面巩固知识，另一方面养成良好的书写习惯。

（三）以读促写是推进学生规范书写的有效途径

教师在教育教学过程中，按照课标对"读"与"写"的分级要求，结合学生实际，开展"以读促写"的活动，有利于逐步提升学生的阅读与书写能力。

（四）多元评价是维持学生规范书写的添加剂。

在课堂教学中，对学生的学习应建立评价指标多元、评价方式多样、既关注结果更重视课程的评价体系。对学生英语书写的评价，更应该关注过程，注重循序渐进性和持续性。课题组教师应努力探索多元的评价方式。

六、研究结论

1. 策略是促进学生规范书写的有力保障

通过实践研究，课题组教师一致认为书写是学生英语学习过程中的一项必备技能，策略是促进学生规范书写的有力保障。在小学阶段培养学生规范的书写习惯，能为今后的英语学习和书写奠定良好的基础。在规范英语书写的过程中，英语书写示范是促进学生规范书写的前提；兴趣是激发学生规范书写的动力；以读促写是推进学生规范书写的有效途径；多元评价是维持学生规范书写的添加剂。规范英语书写的策略要根据学生实际进行选择，要关注到学生的年龄特点及认知特点。在实施过程中，为了有效地提高规范书写质量，可以多种策略齐上阵，交替使用，激发学生学习兴趣，规范学生英语书写，培养学生良好的书写习惯。

2. 研究有效促进了教师的专业发展

课题组教师的实践不仅积累了宝贵的教学经验，还使其对英语书写课"教什么、怎么教"有了更深的体会和更清楚的认识。课题组教师的教学方法、教学经验技巧等都有所提升。

3. 教研结合，促学校发展

本次研究主要依托学校教研活动开展，对课堂教学效果进行了跟踪，关注学生的反馈，以研促教，以教促学，教研结合，促进了学校教研工作的良好发展。

七、研究不足与未来研究方向

本次研究存在如下不足。

（1）研究时间太短。

（2）研究样本太小。

（3）"以读促写"研究素材拓展少。

（4）对"评价"的理解不充分。

鉴于以上问题，以后研究团队要加强学习，不断提升自己的专业素养、理论知识，增强研究意识。同时，未来关于规范书写策略的研究可以扩大范围，依托乡村名师工作室，在全县展开，以使样本容量更大，以便进一步验证示范、激发兴趣、以读促写、单元评价等策略对规范小学生英语规范书写的有效性，从而更好地进行小学英语规范书写指导。

参考文献

［1］兰爽，李英涛．基于英语学科核心素养的小学英语绘本阅读教学研究［J］．海外英语，2019（8）：191-193．

［2］章玲．小学高段英语书写的策略研究：以新 PEP 五年级下 Unit 4 Part B Let's learn 板块为例［J］．学园，2016（9）：85-86．

［3］李伟伟．让英语书写的"根"扎得更深［J］．中国校外教育，2013（26）：77．

［4］朱伟华．如何对英语初学者进行字母教学［J］．西部素质教育，2017，3（13）：226，228．

提升初中学生数学核心素养的课堂学习方式变革的实践研究

昌会学　贵州省遵义市桐梓县思源实验学校

一、研究缘起

1. 研究背景

（1）初中课程改革的需要。

（2）培养数学核心素养的需求。

（3）学生成长的需求。

2. 研究问题

（1）研究初中数学课堂中如何渗透数学核心素养。

（2）学生的学习方式有哪些。

（3）怎样才能变革学生的学习方式。

（4）研究如何通过改变学生的思维模式来实现数学核心素养的培育和提升。

3. 研究目标

（1）提升学生素养。

（2）促进学生全面发展。

（3）促进教师专业成长。

（4）促进学校教学质量提升。

（5）促进课题规范研究。

4. 研究意义

（1）培养一批研究型教师。

（2）为课题研究提供范例。

（3）提升教师的理论素养。

（4）为教育脱贫贡献力量。

（5）使课堂教学效率提高。

二、文献综述

（一）研究现状

1. 数学核心素养的研究现状

数学学科核心素养集中地体现了数学课程的目标，是数学思维品质、数学关键技术能力及学生情绪、态度与价值观等多种因素的一种综合体现。

国内许多数学专家对此展开过热烈的研究讨论。

何小亚教授认为，数学核心素养主要包括数学运算、数学推理、数学意识、数学思维方法和数学情感态度价值观 5 个方面。

卜以楼认为，对数学素养进行累积的过程就是将知识转化为智慧的过程。

朱立明博士认为，数学核心素养是数学思想与数学方法的上位概念，数学方法是数学思想的具体化，数学思想是数学本质的升华。

总之，不同的专家学者对数学核心素养的思考角度不同，正是他们从不同的角度进行了研究，才使数学核心素养的研究进一步发展。

2. 学习方式变革研究现状

综合起来，当前学习方式有自主创新学习、合作创新学习、探究创新学习 3 种基本方式。本研究主要是在"提升初中学生数学核心素养"的前提下对学习方式变革进行研究。

（二）研究述评

首先，从研究人员上看。研究人员中，高校教师、教研员所占比例较大，他们的理论基础较好，中小学一线教师的研究往往不够系统。这导致数学核心素养与实践教学脱节，不利于提升学生的数学核心素养。

其次，从数学核心素养内容来看，深度不够。如果教育专家能够与一线数学教师搭伴研究，就会既有理论又有实践价值，也会更具推广价值。

最后，在研究方式上，大多借助国外经验，而运用大规模的调查、访谈等得来的国内一手数据较少。研究要多让国内不同地域、不同层次的研究者参与进来，这样研究才具有更高的价值，才更适合国内学生，也更有利于指导一线教师在实践中培养和提高学生数学核心素养。

（三）核心概念界定

1. 数学核心素养

（1）数学素养

谈及"数学素养"，首先要知道"素养"是什么。"素养"是指一个人的能力。数学是人类文化必不可少的组成部分之一，每一位现代公民都应该具备良好的数学知识和素养。

（2）数学核心素养

数学学科核心素养是数学课程目标的集中体现，是具有数学基本特征的思维品质、关键能力以及情感、态度与价值观的综合体现，是在数学学习和应用的过程中逐步形成和发展的。数学学科核心素养包括数学抽象、逻辑推理、数学建模、直观想象、数学运算和数据分析。

2. 学习方式变革

学习方式变革其实就是学生根据自己学习的主体内容及自身不同成长阶段发展中的情况和实际需求，调节自己的自主学习方式与自我认知价值取向，以便于充分发挥自主合作学习的主体性、能动性和创造性，培养自主合作意识和实际操作能力。

（四）理论基础

（1）"全面发展的人"相关理论。

"全面发展的人"构成要素见图 1。

图1 "全面发展的人"构成要素

（2）建构主义学习观。

（3）学习金字塔理论。

三、研究设计

（一）研究对象

本课题的研究对象为桐梓县思源实验学校学生。

（二）研究内容

（1）不同类型数学课中学生学习方式的研究。

（2）教师的教学方法要如何结合学生的学习方式。

（3）教师如何养成研究习惯。

（4）怎样通过对学习方式的转变来培养和提升学生的数学核心知识和素养，进而培育学生的数学素养、意识和思维，提升数学教师的综合数学水平和修养。

（三）研究方法

1. 文献研究法

通过查阅文献，了解国内外关于"提升初中学生数学核心素养的课堂学习方式"的研究成果和研究现状。

2. 调查研究法

通过对本校初中数学教师及学生进行调查、访谈，了解师生对"提升初中学生数学核心素养的课堂学习方式"的认识情况。从思维发展、课堂生成、教学效果、学生收获等方面进行问卷调查分析、反馈评价和课堂观察量表设计。

3. 行动研究法

通过实践研究，形成课堂教学实录集、例题处理集和教学策略。倡导课堂教学研究与学习相结合、研究与评价相结合、教师自主研究与合作研究相结合，使课堂成为"实验室"，教师与学生成为研究者、反思者。

（四）研究路线

研究路线见图2。

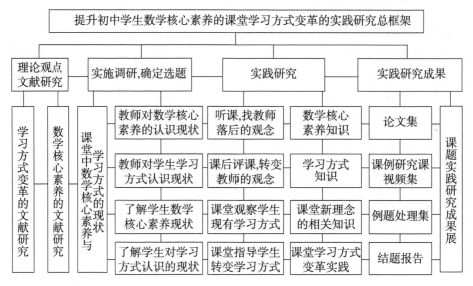

图 2　研究路线

四、研究发现与策略

（一）研究发现

调查发现，教师与学生对数学核心素养的认识与理解有待提升，此外，师生都有改进学习方式的意愿，但仅停留在表面。

（二）研究策略

在本课题的研究中，"学习小组"建设策略是一个重要的研究成果。"学习小组"建设方法和策略如下。

（1）关注人员构成。

（2）关注成绩要做到组间同质、组内异质。

（3）关注各组男女生比例的基本均衡。

（4）关注学生的性格。

（5）关注学科配套。

（6）关注座位的安排。

（7）关注协调，适时调整。

（三）本课题研究带给师生的变化

1. 改变学习方式，使学生爱参与

改变学生课堂数学学习方式有助于学生更好地参与课堂学习。

要改变学习方式，首先要改变教师的理念，学习方式变革既可以是学生自发的，也可以是教师指导的，但是最终要根据学生的学习状态来选择最适合的。

2. 改变学习方式，学生享素养

改变学习方式，有助于加快培养学生综合运用数学知识核心能力的素养。

随着学习方式的改变，学生与教师的关系缓和了，学生找到了目标，知道自己真正需要的是什么知识，所以学习时更投入，再加上教师的指导，学生数学核心素养得以提升。

3. 改变学习方式，学生增共享

学生互助共享理念开始形成。学生在上自习课时能够自主地选择一种比较适合自己的学习方式，对于简单的题目，采取自主学习的方式，稍微困难一点的题目则采取向别人请教的方式，不是所有的题目都向教师发问，许多学生已经开始了探究性学习。

4. 改变学习方式，教师提素质

要想提升学生的数学核心素养，必须提高教师自身的素养。如果教师自己都不知道数学的核心素养有哪些，又怎么对学生进行有效教学呢？也就谈不上有效地培养和提高学生的数学核心知识和素养了，更谈不上提升学生的数学核心知识和素养了，所以，学习方式的转变必然要求提升教师的素养。

五、研究成果与启示

（一）研究成果

本课题研究以学生的课堂学习方式变革为切入点，致力于提升学生的数学核心素养，通过实践与文献资料的结合，有以下几个方面的成果。

1. 革新了教师课堂理念

数学课堂学习方式变革，首先要变革教师的课堂理念。教师首先要做到心中有爱，要爱生如子，要相信学生，要把课堂还给学生。

2. 学习方式有三大转变

（1）从被动学习向自主学习转变。

（2）从单兵作战向团队作战转变。

（3）从单一接受向多向互动转变。

3. 探索到数学学科核心素养提升策略

（1）落实"四基四能"提升数学核心素养

数学核心素养的形成离不开教师丰富的数学体验，数学核心素养孕育于数学活动，数学"四基"是数学核心素养的基础，数学"四能"是数学核心素养的重要组成部分。数学思考是数学核心素养的心脏，其他数学思维或品质都围绕数学思考进行，数学知识技能、思想方法和情感态度则为数学核心素养的提升提供了基础。笔者认为，数学核心素养最精髓的部分就是通过数学学习，用数学眼光观察世界、用数学思维分析世界、用数学语言表达世界。

（2）精心设计教学环节提升数学核心素养

数学核心素养的培育是日常教学的重要组成部分，并密切渗透进实际教学。数学知识的积累不一定会导致数学核心素养的发展，教学目标制订中需要突出数学核心素养，情境的创设和问题的设计要有利于提升学生的数学核心素养。

（3）注重数学思维培养提升数学核心素养

数学核心素养的提升离不开对学生数学知识与能力的培养，离不开对学生数学思维的培养，离不开对学生非智力和智力方面的培养。

4. 形成了数学课堂观察量表

课题研究的阵地在课堂，所以，教师的研究要到课堂中去，为此学校多次召开会议，多次向北京师范大学教师沟通请教并制定了课堂观察量表。

课堂观察量表不但可以帮助观察者正确地梳理自己的课堂观察思路和课堂观察重点，而且能成为一种有效学习手段。对一些新授课程教师来说，借助设计合理的课堂观察量表，可以更好地进行课堂观察。

（二）研究启示

教师的研究意识应融入教学行为：

（1）教师在备课时就应开始研究学生，以学生的需要为依据设计教学。

（2）教师应根据教学内容的难易程度选择教和学的方式。

（3）作业的设计应体现分层意识。

（4）课外辅导也应有研究意识。

（三）研究不足与未来研究方向

1. 研究不足

虽然此次研究取得了一定的成果，也确实改变了学生的学习方式，提升了学生的数学核心素养，但本次研究也存在如下不足。

（1）理论研究不够。

（2）研究人员经验不足。本课题的研究人员中只有主持人有过课题研究经验，其余人员都没有课题研究经历，这导致出现资料整理收集不全面、佐证不力、研究成果不突出、亮点不突出、查缺补漏不够等问题。

（3）学校投入研究的经费不足。

（4）实验班级对比不明显。

2. 未来研究方向

（1）进一步梳理与本课题有关的文献，从理论角度提升课题组成员的修养。深入学习国家教育教学政策法规，拓展视野，分析课题研究涉及的国内外相关资料，撰写好文献综述。

（2）加大研究力度，吸引更多数学教师参与进来，使更多的数学教师与学生受益。

（3）提炼研究成果，使之更加规范、更具有推广价值。

（4）规范整理课题资料。结合专家小组要求、课题结题要求，使开题报告、中期报告、结题报告等更加充实，教师课程设计、教学反思、课例探讨、教学理论研究、课堂观察量表等内容进一步细化，上交材料规范，各项结果都具备示范作用，可以推广，具有实践性。

参考文献

［1］柳夕浪，张珊珊．素养教学的三大着力点［J］．中小学管理，2015（9）：7-10.

［2］裴新宁，刘新阳．为21世纪重建教育：欧盟"核心素养"框架的确立［J］．全球教育展望，2013，42（12）：89-102.

［3］林崇德．21世纪学生发展核心素养研究［J］．教育科学论坛，2016（20）：24.

［4］史宁中．数学思想概论：第1辑［M］．长春：东北师范大学出版社，2008.

［5］蒋海燕．中学数学核心素养培养方略［M］．济南：山东人民出版社，2017.

［6］郝秀惠．高中数学抽象素养培养的探索［D］．聊城：聊城大学，2018.

［7］林京榕，陈清华，董涛．数学抽象素养培养策略［J］．数学通报，2020，59（2）：19-22.

［8］林绵．初中数学课堂自主合作学习模式研究［D］．武汉：华中师范

大学，2016.

[9] 王森．大数据时代研究生学习方式转变研究［D］．重庆：西南大学，2017.

[10] 周吉凤．高一学生数学学习方式的研究［D］．长沙：湖南师范大学，2017.

[11] 王运武，朱明月．学习方式何以变革：标准与路径［J］．现代远程教育研究，2015（3）：27-35.

[12] 严先元．学习设计与学习方式［M］．长春：东北师范大学出版社，2013.

[13] 蒋康．论学习方式转变的教学支持［D］．成都：四川师范大学，2014.

[14] 崔允漷，沈毅．课堂观察：走向专业的听评课［M］．上海：华东师范大学出版社，2013.

数学史融入七年级"数学活动"教学的案例研究

孟冬梅　贵州省遵义市正安县第七中学

一、研究缘起

（一）研究背景

数学活动课是用数学的思想与方法指导的学科综合性实践活动课。这样的数学活动课，能让学生自己动手去做、动脑去想，引导他们学会运用自己所学数学的思维、方法去观察、分析、探索、解决问题。这样的数学活动课有助于调动和激发学生对于数学的积极性，培养他们的创新意识和自主探索能力。随着数学课程体制改革的全面推进，开设数学活动课显得越来越重要，这也是新课标的理念要求。此外，随着数学课程体制改革的逐步深入，数学史渐渐成了初中阶段数学课堂教学内容的重要组成部分，它能有效推动初中阶段数学课堂教学目标的达成。

如何有效地实施数学活动课，是当今课程改革可能会碰到的一个新问题。此外，在实践性教学中，能够主动收集有关数学历史资料并将其运用到实践性教学中的教师很少，多数教师不能充分发挥这些历史资料在教学中的作用。

基于这样的课堂教学实践现状，为了充分调动广大学生学习数学的积极性和学习兴趣，使其感受到数学的独特魅力，学习数学家的核心价值观和科学思想，体会数学家的人文精神素养，课题组特别组织开展了"数学史融入七年级'数学活动'教学的案例研究"这一年级重点教学研究实践活动。

（二）研究问题

以七年级"数学活动"为基石，把数学史融入"数学活动"教学，研究数学史与初中数学教学整合能否激发学生学习数学的兴趣，能否有效提高广大学生对于基础数学知识的认知度和理解力，能否进一步培养学生的基础数学知识应用能力与数学文化素养等。

（三）研究目标

选择适当的数学活动，融入适当的数学史内容，引导学生深入学习数学与生活、数学学科发展史、数学家的故事等，探索数学发展的奥秘，学习数学家的高尚品质，提高学生的人文素养。

（四）研究意义

1. 理论意义

数学史脱胎于浩如烟海的数学历史，是非常热门、主流的一门学科，备受人们的推崇与认可。数学史不仅能为我们揭露数学知识的衍变轨迹，更诠释了探索道路上的诸多动因，还有数学进步掀起的社会变革。

数学史教学绝非一项简单的使命，教师们只有构思出系统、科学的教学规划，将数学史妥善融入课堂，让学生们树立起正确的理念，才能争取到学生的青睐，塑造出活跃的课堂氛围，让教学规划顺利落实。

数学史研究可以真正反映其"原先的质朴之美"，揭示"当时数学的真与善"，在对数学史的深入学习中，教师应以把握教材内容为学习主线，尊重史实，突出重点，以广大学生为学习主体，引导广大学生主动参与数学探究，培养广大学生对初中数学的浓厚学习兴趣，真正使初中数学史更好地融入、走进初中数学教学。

2. 实践意义

开展关于数学史融入七年级"数学活动"教学的案例研究，一方面，可以让学生形成对数学历史的认识，让学生更好地了解自己所学的数学知识，有效地帮助学生建立科学的数学观，即数学教育是在不断提出问题和探索解决问题的整个过程中逐步发展并得到完善的；另一方面，可以很好地调动和激发学生对数学学习的积极性和兴趣，培养他们的人文品质。

把数学史融入数学课堂是教育的迫切需要，可以培养和提高学生对于数学的兴趣和综合素质，增强其学习效果，促进学生全面、健康、有序成长，为学生终身发展奠定良好的基础。

二、文献综述

（一）国内外研究现状

19世纪末，一些学者就已经高度关注数学历史在数学教育中发挥的重要作用了。2000 年的新数学课程标准《学校数学的原则和标准》紧紧围绕数学的内容标准和教学过程标准等，对各个学段学生的数学学习所要达到的知识面、深度和广度进行了规划，要求学生不仅掌握数学知识，还要了解这些知识所存在的背景，并会运用这些知识。美国的数学教材中设计了极富挑战的问题，往往需要学生走向社会，亲自收集信息，分析信息，查阅数学史料，加深对整个数学问题的理解。

我国也举办了全国数学史与数学教育相关会议，有些学者就国内数学史与数学教育的研究工作情况做了报告。

（二）研究述评

数学史融入初中数学教学具有非常重大的意义，但是有关如何将数学史融入初中数学课堂教学的案例很少，如何将数学史和初中数学课堂教学有机、合理地整合起来，这一问题亟待深入研究。把传统的数学历史融入初中数学课堂教学，可以促进学生对数学发展基本原理及其思想的认知与了解，可以更好地让学生体会到数学发展过程中的曲折，从而调动和培养学生的数学研究积极性，提高他们的数学素养。

数学史是一门围绕数学历史而钻研的学科，这不仅要求教师揭示种种定律、内容上的衍变历程，更要反思知识不断推陈出新的诱因，并直观、准确地判断数学为社会带来的影响。教师们一定要把数学历史巧妙地穿插于初中数学的课堂，要求每个学生都洞悉数学的本质与脉络，从而被数学魅力所深深打动，调动起数学热情，产生源源不断的数学学习动力，以更积极活跃、专注的精神面貌投入数学学习，这样才能为教学工作提供有力的帮助，以达到事半功倍的效果。为了避免教学理论与实际情况脱节，教师们应秉承着知行合一的教育理念，从具体的课堂出发，围绕这样的教学思路做出系统、透彻的剖析，以自身的研究为数学事业的发展作出贡献。

数学史不但追溯数学内容、思想和方法的演变、发展过程，而且探索影响这种过程的各种因素，以及历史上数学学科的发展对人类文明带来的影响。数学史的研究对象不但包括具体的数学内容，而且涉及历史学、哲学、文化学、宗教等社会科学与人文科学内容，数学史是一门交叉学科。

数学史越来越受到数学教育教学工作者的重视。初中数学新课程各种版本教材介绍了有关数学史的阅读材料、探索问题、课题研究，可见数学史在数学教学中的重要作用逐渐凸显。

三、研究设计

（一）研究对象

本课题的研究对象为七年级（7）、（8）、（10）、（11）、（12）班学生及正安县第七中学的初中数学教师。

（二）研究内容

（1）调查本校数学教师对数学史的关注程度、数学史相关资料来源渠道，以及在教学中融入数学史内容的基本情况。

（2）调查本校七年级学生对数学史的掌握情况、学习数学史的途径、对数学史融入数学学习的意义及作用的理解、希望数学史以怎样的方式融入数学教学等基本情况。

（3）根据调查结果，梳理人教版七年级数学教材内容，选择合适的数学史内容进行案例研究。实施案例教学，反思教学案例，根据教师、学生的反馈，综合分析案例，提出自己的想法。

（4）从教师、教学、学生3个角度研究数学史融入七年级数学教学的策略。

（三）研究方法

1. 文献研究

通过查阅文献，了解国内外有关数学史融入数学教学的研究成果和研究现状。

2. 调查研究

通过调查、访谈本校初中数学老师及七年级学生，了解师生对数学史融入数学活动教学的认识情况。从思维发展、课堂生成、教学效果、学生收获等方面对数学史融入数学活动教学情况进行问卷调查，分析数学史融入数学活动教学的效果。

3. 行动研究

通过对数学史融入七年级数学活动教学的实践研究，形成课堂教学实录集、教学设计案例集和教学策略。

（四）研究步骤

1. 准备阶段（2019年4月—7月）

（1）成立课题组，明确人员分工。

（2）定期进行相关文献检索，收集各类学术文献中关于培养广大学生独立自主探索发展科学兴趣与实践能动性的资料并认真研究，对本课题的主要研究成果价值和项目实施中的可行性问题进行初步评估，撰写一份课题研究申请书。

2. 实施阶段（2019 年 8 月—2020 年 10 月）

（1）结合研究内容，对七年级学生和本校数学教师进行前测。

（2）结合研究内容，对七年级学生和本校数学教师进行访谈。

（3）选择适合七年级学段的数学史，融入数学活动教学，集体备课，研磨课例。

（4）在七年级选择 5 个班进行教学实践，并在教学实践过程中做出评价和反思。

（5）结合研究内容，对七年级学生和本校数学教师进行课题研究内容的后测，并进行数据分析。

3. 总结阶段（2020 年 11 月—12 月）

（1）收集相关数据资料。

（2）做好相关资料的数据分析。

（3）总结研究成果，撰写结题报告和相关论文。

四、研究发现

（一）七年级学生前测问卷调查分析

1. 调查概述

（1）调查目的：了解数学史融入初中数学课堂教学的现状以及七年级学生对数学史的了解程度和基本态度。

（2）调查内容：根据学校实际研究情况，结合课题所要研究的内容，问卷总共设计了 11 个问题，涉及 3 个主要方面，详见后面分析。

（3）调查对象：正安县第七中学七年级学生。

（4）调查方法：问卷调查。

2. 结果分析

（1）学生掌握数学史知识的情况

第 1 小题选对率为 30%，第 2 小题选对率为 44%，第 3 小题选对率为 67%。① 这表明学生对一些常用的基本数学知识的历史渊源不是很熟悉。

---

① 题目略。

（2）学生对数学史融入初中数学课堂现状的认识

④对于数学史教学内容，你是否喜欢？

非常喜欢	比较喜欢	无所谓	不喜欢	非常不喜欢
38%	49%	8%	4%	1%

由数据可以看出，87%的学生喜欢数学史教学内容，有必要在初中数学教学中融入数学史内容。

⑤你的教师在课堂教学中会应用数学史吗？

经常	有时	几乎不	从来没有
22%	63%	11%	4%

由数据可以看出，22%的数学教师经常在教学过程中使用数学史内容，大部分教师在教学中只是偶尔提及，不是很重视在教学中融入数学史有关内容。

⑥你的教师在数学史教学上采用的方法一般是什么？

口头带过	与知识紧密结合	课外延伸拓展	从未讲过
14%	57%	26%	3%

由数据可以看出，虽然教师在平时的教学过程中融入的数学史内容不多，但是只要有机会融入数学史，多数教师会及时融入。

（3）学生对数学史教育作用的理解

⑦数学教学中融入数学史，可以提升学生学习数学的兴趣。

赞同	基本赞同	基本反对	反对
62%	34%	3%	1%

由数据可以看出，96%的学生赞同在教学中融入数学史，认为这样可以提升学习数学的兴趣，增强学习数学的动力。

⑧数学教学中融入数学史，帮助学生加深对数学概念、方法、思想的理解。

赞同	基本赞同	基本反对	反对
60%	32%	6%	2%

由数据可以看出，92%的学生赞同在数学教学中融入数学史可以加深对数学概念、方法、思想的理解。熟悉所学数学知识的历史，以及一些数学家的故事，有利于学生对数学知识的概念有更加贴切的理解，对数学方法的运用有更大的发挥空间，有利于学生形成数学思想。

⑨数学教学中融入数学史，帮助学生体会数学创造过程，培养学生创造性思维能力。

赞同	基本赞同	基本反对	反对
60%	32%	5%	3%

由数据可以看出，92%的学生赞同在数学教学中融入数学史可以体会数学创造过程，培养创造性思维能力。学生通过学习数学史，可以发现现在所学数学知识的来之不易，从而可以了解数学家是怎样一步一步总结出现在这些数学知识的，在思维碰撞中可以形成更多新思想。

⑩数学教学中融入数学史，帮助学生了解数学的应用价值和文化价值。

赞同	基本赞同	基本反对	反对
59%	34%	6%	1%

由数据可以看出，93%的学生赞同在数学教学中融入数学史可以帮助学生了解数学的应用价值和文化价值。从数学史料信息中学生可以了解到所学的很多数学知识来源于实际生活，并且能解决实际生活中遇到的很多问题，学习数学史，学生还可以了解很多数学知识的文化价值。

⑪数学教学中融入数学史，帮助学生树立科学品质，培养良好的科学精神和爱国情操。

赞同	基本赞同	基本反对	反对
61%	32%	5%	2%

由数据可以看出，93%的学生赞同在数学教学中融入数学史可以帮助学生树立科学品质，培养良好的科学精神和爱国情操。通过学习数学史以及数学家故事，学生在了解数学史料内容的同时，可以更加深刻地体会数学家的品质和精神。

（二）七年级参与课例实践的 5 个班学生的后测问卷调查分析

1. 调查概述

（1）调查目的：为了再一次了解数学史融入初中数学课堂教学的现状以及初中学生对数学史的了解程度和基本态度，对七年级参与课例研究的 5 个班学生进行问卷调查。

（2）调查内容：根据学校的实际情况，结合课题研究内容，问卷共设计了 11 个问题，涉及 3 个方面的内容：学生掌握数学史知识的情况；学生对数学史融入初中数学课堂现状的相关认识；学生对数学史教育作用的理解。

（3）调查对象：正安县第七中学七（7）、（8）、（10）、（11）、（12）班学生。

（4）调查方法：问卷调查。

2. 结果分析

（1）学生掌握数学史知识的情况

第 1 小题选对率为 75%，第 2 小题选对率为 76%，第 3 小题选对率 87%。① 和前测相比，第 1 小题的准确率提高了 45%，第 2 小题的准确率提高了 32%，第 3 小题的准确率提高了 20%，这表明学生参与数学史课例研究以后，对一些常用的数学知识的历史渊源有了一定的了解。

（2）学生对数学史融入初中数学课堂现状的相关认识

④对于数学史教学内容，你是否喜欢？

非常喜欢	比较喜欢	无所谓	不喜欢	非常不喜欢
50%	43%	5%	1%	1%

可以看出，参与数学史课例研究后，93% 的学生喜欢数学史教学内容，在初中数学教学中有必要适当融入数学史内容。

⑤你的教师在课堂教学中会应用数学史吗？

经常	有时	几乎不	从来没有
48%	46%	5%	1%

---

① 题目略。

可以看出，实施数学史课例研究以后，数学教师在平时的教学过程中会根据教学内容更多地融入数学史内容，以激发学生学习数学的兴趣。

⑥你的教师在数学史教学上采用的方法一般是什么？

口头带过	与知识紧密结合	课外延伸拓展	从未讲过
15%	57%	27%	1%

可以看出，在数学史教学方法的选择上基本没多大变化，教师们多数还是选择在与知识紧密结合的情况下融入数学史内容。

3. 学生对数学史教育作用的理解

⑦数学教学中融入数学史，可以提升学生学习数学的兴趣。

赞同	基本赞同	基本反对	反对
86%	12%	1%	1%

可以看出，数学史融入数学教学活动后，学生赞同数学史可以提升数学知识学习兴趣的人数占比增加，这说明在课例学习过程中学生深有感触，发现了解数学知识点的历史渊源和学习数学家的精神可以提升自己学习数学的热情。

⑧数学教学中融入数学史，帮助学生加深对数学概念、方法、思想的理解。

赞同	基本赞同	基本反对	反对
77%	22%	1%	0%

可以看出，学生的赞同率提高了 17 个百分点，持反对意见的学生数为 0，说明参与了数学史教学课例后，学生更加明白在数学教学中融入数学史可以帮助自己加深对数学概念、方法、思想的理解。熟悉所学数学知识的历史以及一些数学家的故事，会让学生对数学知识的概念有更加贴切的理解，此外，还可以培养学生的探究精神。

⑨数学教学中融入数学史，帮助学生体会数学创造过程，培养学生创造性思维能力。

赞同	基本赞同	基本反对	反对
81%	17%	1%	1%

可以看出，学生赞同的百分率提高了 21 个百分点，持反对意见的学生人数很少。

⑩数学教学中融入数学史，帮助学生了解数学的应用价值和文化价值。

赞同	基本赞同	基本反对	反对
75%	24%	1%	0%

可以看出，学生赞同的百分率提高了 16 个百分点，持反对意见的学生数为 0，说明参与数学史教学课例后，学生了解到数学的应用价值和文化价值，更加深刻地理解了数学来源于生活，生活离不开数学。

⑪数学教学中融入数学史，帮助学生树立科学品质，培养良好的科学精神和爱国情操。

赞同	基本赞同	基本反对	反对
72%	27%	1%	0%

可以看出，学生的赞同率提高了 11 个百分点，持反对意见的学生数为 0，学生通过自己或者在课堂中学习了解相关数学家的故事，体会到数学知识来之不易，了解了数学家为国奉献的可歌可泣的故事，体会到数学家深深的爱国情怀，有助于树立良好的科学品质，培养良好的科学精神。

3. 启示与建议

前测和后测相比，说明数学史融入数学教学活动可以为数学学科的学习添砖加瓦，特别是可以激发学生学习数学的兴趣，提升他们的数学学科素养。在数学史教学过程中，以教材为主线，尊重史实，突出重点，以学生为主体，才能让数学史更好地走进新课标下的数学教学。

（三）数学教师问卷调查分析

1. 调查概述

（1）调查目的：了解学校数学教师对数学史融入初中数学课堂教学的看法以及教师们对数学史的关注程度、基本态度。

（2）调查内容：根据学校的实际情况，结合课题研究内容，问卷共设计了 18 个问题。

（3）调查对象：正安县第七中学数学教师。

（4）调查方法：问卷调查。

2. **结果分析**

本次对正安县第七中学全体数学教师进行了问卷调查，共计17名教师，其中，男教师11名，女教师6名；初级教师3名，中级教师9名，高级教师5名；教龄在0~6年（不含）的教师2名，教龄在6~12年的教师5名，教龄在18年以上的教师10名；现任教年级情况分别为七年级4名，八年级6名，九年级7名。从以上数据可以看出，学校数学教师的性别结构是男多女少，中高级教师多于初级教师，一半以上教龄在18年以上，所以学校数学组教师总体来说偏中老年化。

（1）数学教师对数学史的看法

对于第5小题"您认为数学史重要吗?"，有16人认为重要，1人认为一般，由此可以看出，教师们很重视数学史。

（2）教师们对数学史融入数学教学持什么样的态度

第6小题"您认为将数学史融入课堂能提高学习效果吗?"，选择"能"的有13人，选择"一般"的有4人，选择"不能"的0人。

第7小题"您愿意结合数学教材向学生介绍一些数学史知识吗?"，选择"愿意"的有16人，选择"一般"的有1人，选择"不愿意"的0人。

第8小题"您认为学习数学史能提高自己的教学能力吗?"，选择"能"的有15人，选择"一般"的有2人，选择"不能"的有0人。

第9小题"对于数学史融入数学教学的以下功能，您认为重要的是什么?"这个小题可以多选，其中，选择"激发学习兴趣"的有12人，选择"改变对数学的观念和态度"的有6人，选择"促进学生对概念的理解"的有5人，选择"了解历史上数学家们的创造历程，培养学生的思维能力"的有5人，选择"了解数学与社会发展的关系以及数学和其他学科之间的联系"的有6人。

第10小题"教师向学生介绍数学史知识的情况"，这个小题可以多选，其中，选择"很少"的有2人，选择"当教材上出现时才介绍"的有4人，选择"为引起学生兴趣在情景导入时介绍"的有8人，选择"为使学生理解数学知识而介绍"的有4人。

从以上5个问题可以看出，学校数学教师对于数学史融入数学课堂教学是很支持的，也肯定了数学史在数学教学中的重要作用。

（3）教师对数学史的关注程度以及对一些数学史料知识的掌握情况

第11小题"您读过几本关于数学史的书籍?"，其中选择"0本"的有3人，选择"1本"的有4人，选择"2本"的有6人，选择"3本以上"的有4人。

第 12 小题至 16 小题是数学史料小调查，正确率情况如下：第 12 题 65%，第 13 题 88%，第 14 题 100%，第 15 题 47%，第 16 题 100%。

第 14 题和第 16 题是初中数学教科书上出现过的史料内容，教师都做得很好，说明书上介绍过的史料内容教师们还是会关注的，第 12、13、15 题教科书上很少出现，但从正确率来看，教师平时对数学知识点的历史还是有一定了解的。

（4）教师们的数学史来源情况以及以什么样的形式把数学史融入数学课堂教学

第 17 小题"您的数学史知识来源于?"，这个小题可以多选，其中，选"教科书或教学参考书"的有 12 人，选"专业的数学史书"的有 9 人，选"网络资源"的有 8 人，选择"在职培训"的有 3 人，选择"职前培训"的有 0 人，选择"和他人的交流"的有 6 人，选择"其他"的有 1 人。

由第 17 小题的调查数据可以看出，教师的数学史知识主要来源于教学用书和专业用书，也可以从网络资源或和他人的交流中获得，由此可见，只要教师愿意抽出时间去了解数学史料的内容，资源还是很丰富的。

第 18 小题"假如您具备较高数学史素养，您会优先选用什么方式进行教学?"，这个问题可以多选，其中，选"穿插于教材，装饰点缀教学活动"的有 8 人，选"利用数学史创设情境，帮助学生理解"的有 10 人，选"利用历史命题或古算题编制数学学习题"的有 4 人，选"重构知识的发生、发展历史，以发生法来呈现"的有 5 人。由此可知，教师对于怎样把数学史合理地融入数学教学，基本做法是结合自己的教学内容，让数学史料穿插于数学知识点的教学或者把数学史料作为情境引入，从而激发学生的学习积极性，并帮助学生更好地理解数学知识。

3. 启示与建议

数学史在我国中小学教育中受重视程度还不够高，了解一定的我国数学历史，会充分激发学生对数理专业的学习兴趣，甚至能够激发学生的爱国主义情怀。所以，不仅数学教师要高度重视数学历史，学校以及教育部门也应该多举办与数学历史密切相关的培训，让教师和学生都去追溯数学知识点的起源以及去了解更多数学家的故事，进而发现数学可以带给大家的不一样的美。

（四）学生访谈

为深入掌握七年级学生对数学史融入数学活动教学的认识情况，笔者采用了随机开放式的访谈方法，根据研究内容和研究目的提前拟定好具有针对性的问题，对 10 名学生进行了访谈。访谈主要安排在课间，访谈内容主要是学生的数学史知识来源、对将教学史融入数学课堂教学的看法、对数学历史存在什么困惑、希望教师以何种方式将数学史融入数学教学。

通过访谈笔者发现，学生很少关注数学教科书上的数学史内容，也很少去看数学史方面的书籍（当然，不排除个别学生看过一两本数学史图书，也有学生通过网络了解一定的数学史内容），可见，从获得数学史信息的渠道来说，学生主动使用的渠道很有限。

对将数学史融入课堂教学，学生基本持肯定意见，希望教师在课堂教学中尽可能地融入数学史。本次访谈刚开始时，学生对"数学史"这个词语是比较陌生的，后来经过现场解释和说明，学生知道了它的含义，也知道教师偶尔会提到。至于如何将数学史融入现代化教学，以及融入后对学生的思考到底有没有帮助，学生还说不具体。对于数学史融入教学的方式，多数学生希望选择轻松、有趣而不影响学习成绩的方式，这一点也是本课题需要深入思考的方面。

（五）教师访谈

为深入掌握学校数学教师对数学史融入七年级数学活动教学的认识，课题组根据研究内容和研究目的设计访谈问题，对本校数学教研组的 4 位教师作了深入访谈，其中，1 位是教龄 3~5 年的青年教师，2 位是教龄 10~15 年的中年教师，1 位是教龄 25 年的教学经验丰富的高级教师。访谈主要利用课余时间进行，主要了解教师们平时对数学史的理解和关注、平时在教学中是否融入过数学史、对于数学史融入数学教学存在哪些困惑。

通过访谈，我们发现，教师知道什么是数学史，也知道数学教科书有时会渗入数学史，但是平时在教学过程中为了保证教学进度，基本上对于数学史要么不管不问，要么一笔带过，很少去关注。稍微年轻一点的教师有时会通过书籍和网络关注一些数学史料内容，老教师基本上只关注自己的数学教学内容，很少关注与之相关的数学史。教师们认为在数学教学中融入数学史会影响自己的教学进度，也困惑于数学史融入的方式方法。

五、研究结论与启示

（一）研究结论

1. 对教师教学理念的影响

（1）改变了教学理念，意识到数学史在数学教学中的重要地位。

（2）加强了对数学史的认识和理解，激发了教师了解更多数学史知识的兴趣。

（3）合理的数学史融入和适当的数学教学活动的有机配合，可以提高教师的课堂效率。

2. 对学生学习数学的影响

（1）有利于学习兴趣的不断提高。

（2）有利于对数学知识的理解。

（3）有利于爱国情怀的培养。

（4）有利于创新精神的培养。

3. 对数学教学的影响

课题的选择和实施都是为教学服务的，课题的研究目的是寻找更好的方法和策略来让教学达到更好的效果。数学史融入初中数学教学，配以合理的数学教学活动，可以激发数学教学的更多潜能。本课题的实施，让数学史融入初中数学教学从理论走向了教学实践，更加深刻地体现了数学教学的人文素养。

（二）对实践、政策与研究的启示

（1）教师和学生很少阅读数学相关书籍，更不用说涉及数学史的书目了，相关学校等教育机构也没有提供更多获取数学史信息的渠道，在这方面需要改善。

（2）很多教师和学生没有把数学史和数学教学联系起来，没有看清数学史和数学教学的关系，也没有去关心和了解数学史可以带来的帮助。可以通过推广研究成果来改变这种现象。

（3）数学史融入初中数学教学，需要教师具备一些数学史信息，仅靠课本上的内容是不够的，数学教研组须建设数学史信息资料库。

（三）研究不足与未来研究方向

虽然此次研究取得了一定的成果，但本次研究也存在一些局限性：理论研究不够，文献研究不够透彻；研究人员经验不足，自身修养不够；学校投入的研究经费不足；实验班级对比不明显。

经过教学实践，数学史融入初中数学教学活动的课程很受学生欢迎，本课题结束后，将继续开展类似的教学实践，以满足学生的期待。

这次的教学实践对象选择的是七年级，研究结束后，类似的教学实践会推广到八年级和九年级，要让初中整个学段的学生和教师都体会到数学史融入初中数学教学活动的重要性。

参考文献

［1］梅涛．数学史作用于数学教学的案例研究［D］．武汉：华中师范大学，2007.

［2］唐宏亮．数学史与数学教育结合的研究［D］．成都：四川师范大学，2012.

［3］刘新求．基于数学史的中学数学研究性学习的分析和探索［D］．长沙：湖南师范大学，2006.

［4］张俊忠．数学史融入初中数学教育的研究［D］．武汉：华中师范大学，2015.

［5］王凤蓉．数学史融入初中数学教育的实践探索［D］．长沙：湖南师范大学，2012.

［6］田文亭．数学活动及其教学策略研究［D］．西安：陕西师范大学，2011.

［7］余瑶．借助数学史激发学生数学学习兴趣［J］．中国教育学刊，2016（11）：103.

［8］隆淼．让数学史走进课堂［J］．现代教育科学（中学教师），2013（5X）：128.

［9］周佳妮．数学史与初中数学教学的整合案例研究［D］．上海：上海师范大学，2016.

［10］孙剑．数学家的故事［M］．武汉：长江文艺出版社，2017.

［11］蔡天新．数学简史［M］．北京：中信出版集团，2017.

［12］乐瑞芳．数学史与中学数学教师的数学素养［D］．武汉：华中师范大学，2008.

［13］林平．浅谈数学史融入初中数学课堂的意义和教育价值［J］．新课程（中旬），2013（5）：136-137.

宏观辨识与微观探析在高中化学
实验教学中的实践研究

戴正裕　贵州省遵义市桐梓县第二高级中学

一、研究缘起

（一）研究背景

《普通高中化学课程标准（2017 年版 2020 年修订）》（以下简称《课标》）提出"宏观辨识与微观探析""变化观念与平衡思想""证据推理与模型认知""科学探究与创新意识""科学态度与社会责任"5 个方面的高中化学学科核心素养，并把"宏观辨识与微观探析"放在首位。"宏观辨识与微观探析"是从不同的角度去认识物质的多样性，既可以从物质微观角度对其组成、性质、结构进行分析和理解，揭示宏观现象和微观变化的内在联系，还可以在微观结构基础上进行预测，猜测物质在特定条件下可能发生的变化以及具备的性质，并从宏观和微观相结合的视角分析与解决实际问题。

本研究基于"宏观辨识与微观探析"这一化学核心素养展开，旨在帮助学生学习具体的知识，构建"宏观—微观—符号—本质"体系。

通过分析研究，笔者发现当前高中化学教学实践中存在如下问题。

（1）现行高中化学教材中的部分教学内容在编写上没有安排实验。在教学中落实宏观辨识与微观探析对教师提出了更高的专业要求，教师们常常缺少足够的认识与应对措施。

（2）部分一线教师在教学中不能运用合适的教学手段，只注重结果而忽略知识获得的过程。因此，如何合理运用宏观辨识与微观探析来引导教师解读教材和合理施教，是化学教学提高效率的关键。

（3）部分一线教师在学法上不能指导学生用"形象"的情境手段来理解化学"抽象"概念和基本理论。

（二）研究问题

通过上述背景分析，本研究主要在以下问题上寻求突破。

（1）分析当前高中化学学科核心素养中"宏观辨识与微观探析"的落实情况，在分析学生素养目标的前提下，探索在实验教学中培养学生"宏观辨识与微观探析"素养的教学策略，提高学生"宏观辨识与微观探析"素养，将学生培养成能适应复杂工作环境的人才。

（2）教师在实验教学中，如何利用好实验素材，与核心知识整合，创设有利于学生思维发展和核心知识构建的实验探究活动，让学生由宏观的现象学习转为对物质组成和概念本质的探讨，让课堂教学充满魅力，促进学生化学学科核心素养的形成和发展。

（3）如何帮助学生构建"宏观—微观—符号—本质"体系，实施有效教学，促进学生高阶思维发展，积淀和发展化学核心素养。

（三）研究目标

1. 转变教师育人观念

培育高中生应具备的、能够适应终身发展和社会发展需要的品格和关键能力。

2. 转变教师教学观念

依托专家引领的课例，探索基于宏观辨识与微观探析的新型课堂教学模式。

3. 形成教学策略

整合教学实验素材，开发新的有利于发展学生思维的实验素材，形成教学策略，达到巩固学生化学核心知识、发展学生化学学科核心素养的目标。

（四）研究意义

1. 理论意义

从研究物质及其变化规律开始，根据对宏观现象的观察、宏观性质的推测与验证，推理出物质的组成、内在联系和规律。化学实验不仅可以给学生提供宏观感受和体验，也是学生微观推理的源泉。

2. 实践意义

学生核心素养的高低会影响解决问题的能力，问题的解决过程也是学生化学核心素养形成的重要途径，因此，要重视教学实践过程中问题设计以及问题解决对学生化学核心素养形成的作用。化学是一门与社会生产、生活有着密切联系的学科，在教学实践中，创设真实的问题情境，选取学生生活中常见的例子作为素材，有利于激发学生的学习兴趣和认知冲突，调动学生学习的积极性和主动性。

二、文献综述

（一）国内外研究现状

1. 国外研究现状

国外关于核心素养的研究兴起于 20 世纪末期，目前为止，世界各国对核心素养的研究都在紧张地进行着，美国、英国、日本、加拿大等国已经把核心素养践行到课堂教学中。

例如，《欧洲终身学习核心素养建议框架 2006》就是由欧盟颁布的关于核心素养的重要文件。苏格兰提出四大核心素养，包括成功的学习者、有自信的个体、负责任的公民以及有效的贡献者。

通过阅读国外制定的核心素养类文件和政策，可知绝大多数国家是以本国的实际情况为基础的。核心素养在各国教育教学方面的应用，可以分为 3 类：第一类是以芬兰等国为首的，这类国家在核心素养方面的应用特点是已经明确将核心素养纳入国家课程体系；第二类是以美国为首的，这类国家将核心素养与国家课程体系理论部分分开，但是在实际应用中二者又紧密联系、相辅相成，共同促进学生的核心素养发展；第三类是日本、韩国等国，虽然没有明确颁布核心素养类文件，但在国家课程体系以及日常教学中处处体现核心素养的思想。

国外对核心素养的认识、研究比较早，相关研究也相对成熟，因此，这些研究成果都能为我国在核心素养领悟研究方面提供宝贵的经验。

2. 国内研究现状

梳理国内关于核心素养的研究文献，虽然国内对核心素养的研究还处于基础阶段，但是已经将核心素养内容应用到新一轮的课程改革中。

大多数学者研究如何在课堂或者教学中培养学生的核心素养，也有学者就培养学生核心素养提出了自己的建议。就目前的文献来看，"宏观辨识与微观探析"和"科学探究与创新意识"这两个方面的研究比较多，"科学态度与社会责任"方面的研究比较少。

刘广志提出，核心素养是为了回答"教育要培养什么样的人"的问题。他分析了化学学科在培养核心素养方面的独特优势。他以问卷调查为基础，科学选取测试样本，以核心素养的研究理论为指导，通过对探究式实验教学案例的重新设计，进行实践验证，对比实验班与对照班前后测试成绩，得到课题研究有效性的结论，并总结出基于化学实验教学培养化学学科核心素养的实施策略等。

王和指出，化学实验是学生建立化学感性认识、积累化学概念体系的主要途径，是提高化学教学质量的重要环节。实验教学是培养学生科学核心素养的关键，在整个中学时段，实验教学应渗透到每节课中。

庄浩指出，化学实验是学生认识化学物质及其变化规律的重要工具与手段，是提高化学课堂教学质量的重要环节。实验教学作为培养学生学科核心素养的重要抓手，在整个中学学段应该渗透到每节课中。

黄炳生指出，高考化学实验题对化学教师的实验教学与学生的实验学习有着导向作用。他基于高考实验题，探讨了如何在高中化学课堂教学中培养学生的化学学科核心素养。

许文学根据化学学科核心素养的结构，对全国卷的化学试题进行了文本分析，他发现高考试题对化学学科核心素养各维度都有不同的考查要求，最后对基于化学学科核心素养的高考化学试题命制提出建议。

新课标在"学业水平考试命题建议"中指出，化学学业水平考试命题必须坚持以化学学科核心素养为导向，准确把握"素养""问题""情境""知识"4 个要素在命题中的定位与相互联系，构建以化学学科核心素养为导向的命题框架。

王后雄指出，化学学科核心素养的 5 个维度既体现了具有化学学科特质的思想和方法，也从科学探究与创新意识的实践层面激励了科学实践活动，并实现了对科学态度与社会责任更高层面的价值追求。

（二）研究评述

"宏观辨识与微观探析""变化观念与平衡思想""证据推理与模型认知"体现了化学学科特有的思想和方法，"科学探究与创新意识"是从实践层面激励创新，"科学态度与社会责任"进一步解释化学学习更高层面的价值追求，这 5 项素养相辅相成，各有侧重。

阐述这些维度的化学的含义和价值，并使之具象化，为基于"素养为本"的高中化学学业水平考试命题指明了方向。高中化学学业水平考试既要考查 5 个素养的不同层次，又要以实际问题为测试任务，以真实情境为测试载体，以化学必备知识、思想方法和核心观念为解决问题的工具。

1. 现有的研究中存在的问题与不足

化学学科核心素养大多停留在理论研究上，在实际教学中挖掘与培育化学核心素养的研究很少。

2. 现有的研究围绕"宏观辨识与微观探析"展开的情况

本研究针对现有研究中存在的问题，运用相关理论指导教学和研究实践，真正体现了"宏观—微观—符号—本质"，有利于改变学习僵化知识和死记硬背结论的情况，实现学生"不仅知其然，还知其所以然"的效果，最终从研究中提炼出新理论、新成果。这是本课题研究的价值。

（三）核心概念界定

1. 化学学科核心素养

化学学科核心素养是学生发展核心素养的重要组成部分，是学生学习化学后形成的具有化学学科特质的关键能力和必备品格，是学科育人价值的集中体现。

2. 宏观辨识与微观探析

宏观辨识与微观探析是从研究物质及其变化规律开始的，根据对宏观现象的观察、宏观性质的推测与验证，推理出物质的组成、内在联系和规律。

3. 实验教学

实验教学是化学教师或者学生根据一定的实验目的，运用化学实验仪器等物质手段，在人为的实验条件下，改变实验对象的状态和性质，从而获得各种化学实验事实，达到化学教学目的的一种教学实践活动。它能使学生有效地掌握基础知识，培养手脑并用的能力，训练掌握科学的方法，培养科学态度。

实验中常以小组为单位，实验过程中分工明确、各司其职，遇到问题共同探讨，学生合作探究，优势互补。

另外，课题组还精心设计了实验习题，改进了创新实验的研究，这些对学生实验技能和实践能力的提高均有帮助。

（四）理论基础

宏观辨识与微观探析贯穿化学实验的始终，以《课标》为指南，以科技前沿理论为支撑，以课堂实验教学为载体。

化学学科核心素养是核心概念，也是理论基础，其中，"宏观辨识与微观探析"是最重要的基础，涵盖面最广，涉及所有的物质变化规律等。

三、研究设计

以实验目标为导向，打造"四环教学"实验课堂。首先，展示实验目标；其次，开展自主学习、合作实验与探究、成果交流；最后，通过实验习题巩固提升，真正实现理论与实践的有机统一。

（一）研究对象

（1）宏观辨识与微观探析在高中化学实验教学中的案例实证研究。

（2）宏观辨识与微观探析在高中化学实验教学中的初步评价研究，提高效率质量。

（3）以课例设计展示，促进教师成长的个案研究。

（二）研究方法

1. 文献研究法

研读《课标》《中国高考评价体系》《中学化学教学参考》《中学化学》等相关文献，为本课题研究奠定理论基础。同时，了解相关课题研究现状，为本课题的研究提供借鉴。

2. 行动研究法

所有成员共同参与研究和实践，落实宏观辨识与微观探析在化学实验教学中的应用，在行动中反思，探索存在问题的解决方法。

3. 调查研究法

有目的、有计划、系统地收集相关研究资料，对比分析，形成研究报告。

4. 经验总结法

总结课题研究的成功经验与不足，梳理课题组教师在课题实践方面的经验，形成经验总结材料。

（三）研究步骤

按照"文献研究—概念界定—问卷调查—现状分析—研究策略及路径—教学设计—课堂实践—改进创新—理论提炼—撰写成果"的路线进行。

1. 准备阶段（2019 年 5 月—7 月）

（1）成立课题组，选题立项，解读本课题研究目标、内容、对象。

（2）学习教育理论、纲要文件、课题实施过程等相关文献资料，进行课题研究培训。

（3）聘请有关专家为课题论证提供理论指导，确保研究的可行性。

（4）确立研究课题，研讨课题实施预期目标、内容、方法等，制订研究方案，完成课题方案的设计论证。

准备阶段安排见表 1。

表1 准备阶段

	时间	内容/任务	责任人	参与人员	备注
准备阶段	2019年5月10日	组织课题组成员学习课题实施过程	戴正裕	全体成员	
	2019年5月13日—15日	收集整理并学习相关文献资料	李香	全体成员	
	2019年5月20日	课题研究培训	戴正裕	全体成员	
	2019年6月24日	聘请专家为课题论证提供理论指导	戴正裕	工作室全体成员	
	2019年7月5日—15日	研讨课题研究目标、内容、方法等，制订研究方案	张绍淮 戴正裕	全体成员	

2. 研究阶段（2019年8月—2020年12月）

（1）理论与实证研究（2019年8月—9月）

①文献研究与文献综述。

②聘请北京师范大学化学学科导师为本课题指导专家，组织遵义市名师工作室成员、学员召开课题开题论证会，聘请桐梓县正高级教师为课题研究人员做理论与实践专题培训。

③组织课题组成员召开课题开题论证会。

（2）中期论证（2019年10月—2020年10月）

①重点进行宏观辨识与微观探析在高中化学实验教学中的案例实证研究，探索有利于培养宏观辨识与微观探析核心素养的新型课堂教学模式。

②重点研究基于宏观辨识与微观探析的高中化学实验教学初步评价，落实宏观辨识与微观探析在高中化学实验教学中的创新改进。

（3）系统梳理（2020年11月—12月）

梳理教学课例及阶段成果，构建本课题理论体系，分章节呈现各阶段成果。

研究阶段安排见表2。

表2 研究阶段

	时间	内容/任务	责任人	参与人员	备注
研究阶段	2019年8月	文献研究与文献综述	肖霞	全体成员	
	2019年9月12日	课题研究在线培训	岳波	全体成员	
	2019年9月21日	召开课题开题论证会	戴正裕	全体成员	

	时间	内容/任务	责任人	参与人员	备注
研究阶段	2019 年 10 月 12 日	课题工作集中培训	王昌琴	全体成员	
	2019 年 11 月 1 日—5 日	精心设计学生问卷及整理分析	刘敏	李香 肖霞	
	2019 年 11 月 12 日	精心设计教师问卷及整理分析	王昌琴	苏以申 张绍淮	
	2019 年 11 月 14 日	完成开题报告	戴正裕	戴正裕	
	2019 年 11 月 18 日	课题开题	戴正裕	全体成员	
	2019 年 12 月	高中化学实验分类整理	王昌琴	苏以申 李香 王昌琴	
	2020 年 1 月	宏观辨识与微观探析在高中化学实验教学中的案例实证研究	苏以申	全体成员	分工研究
	2020 年 3 月 1 日—4 日	课题研究前测	肖霞	全体成员	对所涉班级学生进行前测
	2020 年 3 月 5 日—15 日	针对研究实验案例集体备课	戴正裕	全体成员	主备课人谈思路，其他人谈建议
	2020 年 3 月 16 日—30 日	精心修改打磨对研究实验案例，形成新型课堂教学模式	戴正裕	全体成员	
	2020 年 4 月	针对研究实验案例录制微课	肖霞 李香	全体成员	
	2020 年 5 月	撰写研究论文	戴正裕	全体成员	每人至少 1 篇
	2020 年 5 月 下旬	课题研究后测	肖霞	全体成员	对所涉班级学生进行后测
	2020 年 6 月	落实宏观辨识与微观探析在高中化学实验教学中的创新改进	王昌琴 李香	全体成员	每人至少 1 个

续　表

时间	内容/任务	责任人	参与人员	备注
2020 年 6 月 20 日—25 日	创新实验比赛	戴正裕	全体成员	评委现场打分并评奖
2020 年 7 月	撰写创新改进论文	张绍淮	全体成员	每人至少 1 篇
2020 年 9 月	撰写中期报告	戴正裕	李香 肖霞	
2020 年 10 月 10 日	总结阶段成果，集中培训	戴正裕	全体成员	
2020 年 11 月	梳理实验教学课例及阶段成果	肖霞 李香	全体成员	
2020 年 12 月	撰写课题工作报告	戴正裕	肖霞 李香	

（左侧竖排：研究阶段）

3. 结题阶段（2021 年 1 月—3 月）

结题阶段安排见表 3。

表 3　　　　　　　　　　　　结题阶段

时间	内容/任务	责任人	参与人员	备注
2021 年 1 月	撰写结题报告	戴正裕	肖霞，李香，王昌琴	
2021 年 2 月	编辑研究成果专集	戴正裕	肖霞，李香，王昌琴，苏以申	
2021 年 3 月	完善研究手册	王昌琴	肖霞，刘敏，李香	
2021 年 3 月	申报结题	戴正裕	全体成员	

（左侧竖排：结题阶段）

四、研究发现

（一）研究了"宏观辨识与微观探析"在实验教学中的运用

1. 创设化学实验真实问题情境，促进学生学习方式转变

（1）创设化学实验真实且富有价值的问题情境

真实、具体的问题情境是学生化学学科核心素养形成和发展的前提。因此，教师在教学中应重视创设真实且富有价值的问题情境，促进学生化学学科核心素养的形成和发展，以利于学生将来适应复杂工作环境。

（2）积极促进学生化学学习方式转变

学生化学学科核心素养的发展是一个不断提升的过程，教师要紧紧围绕化学学科核心素养发展的关键环节，引导学生积极开展构建学习、探究学习和问题解决学习，促进学生化学学习方式的转变。为此，教师应尽可能设计多样化的实验探究学习任务，应结合具体的化学教学内容特点和学生的实际，引导学生开展分类与概括、证据与推理、模型与解释、符号与表征等具有学科特质的学习活动，应注意设计真实情境下不同复杂度和陌生程度的问题解决活动，引导学生以小组合作、实验探究、讨论交流等多样化方式解决问题。

2. 增进化学实验动手能力、观察能力、思考能力，提升教师化学实验教学能力

（1）增进化学实验动手能力、观察能力、思考能力

教师应注重通过多种途径提高化学实验思考能力，反思自身化学实验理解方面的不足，主动参加有关的学习和培训活动；应充分发挥化学教研组、备课组的作用，结合具体的实验教学内容，有针对性地研讨实验内容；通过"高中化学名师工作室"等多种形式开展教研活动，使教师的化学实验操作能力得到相应的提高。

（2）提升化学实验教学能力

发展学生的化学学科核心素养，要求教师积极开展"素养为本"的教学实践，主动探索"素养为本"的有效实验教学模式和策略。在化学实验教学设计和实施中，"以目标为导向，打造四环导学"高效课堂，教师应科学制定具体可行、基于化学学科核心素养发展的教学目标，挖掘教学内容在化学学科核心素养发展方面的独特价值，设计和开展多种形式的实验探究活动，有目的、有计划地引导学生运用化学学科思维方式和方法学习化学知识，注重引导学生在化学知识结构化的自主构建中理解化学核心观念，设计基于真实情境的问题解决任务，使学生在解决问题的过程中逐步发展化学学科核心素养。

（二）研究了挖掘教材中实验素材的方法

研究发现，只有深刻领会宏观辨识与微观探析的内涵，才能利用好课本的实验素材，科学制定化学实验教学目标。

统筹规划化学实验教学目标。学生化学学科核心素养的发展是一个持续进步的过程，因此，教师应依据化学学科核心素养的内涵及其发展水平、高中化学课程目标、高中化学课程内容及学业质量要求，结合学生已有的经验，对模块或课时教学目标进行整体规划和设计，避免教学目标的制定流于形式。

教师应根据具体实验教学内容的特点和学生的实际来确定化学实验教学目标，切忌生硬照搬化学学科核心素养的 5 个方面，防止教学目标制定表面化和形式化。

（三）研究了化学反应的本质，构建"宏观—微观—符号—本质"体系，便于设计实验探究活动

1. 化学实验教学必须构建"宏观—微观—符号—本质"体系

化学实验教学必须透过现象看本质，而不能仅停留在现象层面，要构建"宏观—微观—符号—本质"体系，这样才能有效开展实验教学，真正体现实验教学的本质。

2. 充分认识化学实验的独特价值，精心设计实验探究活动

（1）充分认识化学实验的独特价值

化学实验对全面发展学生的化学学科核心素养具有极为重要的作用。化学实验有助于激发学生学习化学的兴趣，创设生动活泼的教学情境，帮助学生理解和掌握化学知识和技能，启迪学生的科学思维，促进学生高阶思维发展，训练学生的科学实验方法，培养学生的科学态度和价值观。

（2）精心设计实验探究活动

实验探究是一种重要的科学实践活动，是化学学科核心素养的构成要素之一。教师应依据"科学探究与创新意识"素养发展水平和学业质量标准，结合学生的认知发展特点，精心设计实验探究活动，有效组织和实施实验探究活动，增进学生对科学探究能力的理解，发展科学探究能力。实验探究活动应紧密结合具体化学知识的教学来进行，例如，"元素及化合物的性质实验""浓度、温度、压强对化学平衡的影响""沉淀的溶解、沉淀的转化"等，使化学知识的学习、科学探究能力的形成与化学学科核心素养的发展有机结合起来。

五、研究结论与启示

（一）实践成果

- 成果 1 教师的教学水平和研究能力得到很大提高。
- 成果 2 在化学实验教学中落实"宏观辨识与微观探析"，要求教师具有"教材二次开发"的专业素养。
- 成果 3 在化学实验教学中落实"宏观辨识与微观探析"，促进了一线化学教师专业成长。

● 成果 4　在化学实验教学中落实"宏观辨识与微观探析"，促进了学生化学学习方式的转变。

● 成果 5　"教、学、评"一体化，学习评价更积极、有效。

（二）理论成果

（1）校本教材《实验集锦》。

（2）教师论文、报告。

（3）其他。

（三）对实践、研究的启示

通过对该课题的研究，在课题实施前期、中期、后期对课题组教师和学生进行调查，并对结果进行统计分析，发现，课题实施后，在教师层面，化学实验教学显著变化，教学难点轻松突破，教师们通过宏观现象诱导学生思考产生现象的本质原因，让学生知其所以然；在学生层面，学生学得愉快，学生自主学习，合作探究，语言表达能力显著提高，学生学习成绩显著提高，平均分和及格率大幅度提升。因此，开展该研究，对高中生实验操作能力、合作交流能力、语言表达能力等起到了积极的作用。

（四）研究不足与未来研究方向

1. 研究不足

（1）课题组教师对课题研究的认识和研究水平不均衡，个别教师认识不到位，因此，研究的成果极不均衡。

（2）研究过程中学科理论站位不高，对理论的认识尚需加深。

（3）课题研究工作的过程性资料没有进行科学系统的分类和归档，收集、整理资料的工作能力有待提高。

（4）课堂教学评价没有常态化，仅在课题研究课上才对教师和学生进行评价。

（5）教师总结、提炼研究成果的能力有待提高，特别是实验过程中点滴收获的记录、经验性文本撰写方面。

（6）有的教师理论与实践融合不好，课题成果的推广尚需加强。

2. 未来研究方向

（1）将课题研究的初步成果应用于化学实验教学，通过化学实验课例精准落实"宏观辨识与微观探析"素养培养。以实验课堂教学为载体，在常态化的教研活动中让思维相互碰撞，促使化学学科核心素养的落实。开展常态化的实验教学，使教师在自然状态下将化学学科核心素养落实到教学设计和实验教学上。

（2）高中化学学科核心素养的五个维度是相互联系的，下一步要进行整合研究。

参考文献

［1］朱鹏飞，徐惠．核心素养的研究进展及对化学核心素养构建的启示［J］．化学教学，2016（6）．

［2］李宏春．基于化学核心素养的微课教学实践和思考［J］．化学教与学，2016（7）：3-7.

［3］姜佳荣，蒋小钢．以观念建构为线索培养学生的化学核心素养：以"宏观辨识与微观探析"素养为例［J］．当代教育理论与实践，2017，9（9）：24-27.

［4］钱丽娟．化学平衡教学中提升学生化学核心素养的实践研究［D］．昆明：云南师范大学，2017.

［5］邹映波，商晓芹．促进化学学科核心素养发展的教学实践案例研究：以"基于信息反应解决有机推断问题"为例［J］．高中数理化，2018（2）：43-45.

［6］张娟．基于化学学科核心素养发展的化学史教学研究［D］．南昌：江西师范大学，2018.

［7］刘广志．基于实验教学培养高中化学学科核心素养的实践研究［D］．安庆：安庆师范大学，2018.

［8］庄浩．基于学科核心素养培养的课堂教学实践与思考：以高中化学实验为例［C］．2017年江苏省教育学会年会．

［9］黄炳生．从2018年高考实验题谈化学核心素养培养［J］．成才之路，2019（10）：30-31.

［10］徐泓，夏建华．学科核心素养：化学试题评析的新视角 以2017年高考全国理综卷化学试题为例［J］．中学化学教学参考，2018（Z1）：74-78.

［11］雷范军．基于建模视角分析解决问题的三个水平：以模型方法在2018年高考全国理综Ⅰ卷化学试题中的应用为例［J］．广东教育：高中版，2018（9）：67-70.

［12］王后雄．基于"素养为本"的高中化学学业水平考试命题研究［J］．中国考试，2018（1）：27-38.

［13］姜洪阔．基于宏观辨识与微观探析的高三有机化学复习：以"从官

能团的角度研究有机物性质"为例［J］．中国现代教育装备，2018（10）：38-40.

［14］张新勇．基于"宏观辨识与微观探析"核心素养的教学实践［J］．教师，2017（6）：103.

［15］许波荣．基于"宏观辨识与微观探析"核心素养的教学实践：以人教版化学九年级上册复习教学为例［J］．中学教学参考，2018（20）：57-58.

［16］杨绿月．基于宏观辨识与微观探析的翻转课堂探究：以人教版《化学2》"乙醇"教学为例［J］．福建基础教育研究，2017（8）：123-125.

遵义市第一初级中学化学教辅资料的开发与应用

申 维 遵义市第一初级中学

一、研究缘起

（一）研究背景

随着社会经济的高速发展，我国文化建设也步入了新的发展时期，中小学教辅资料的数量和种类都在不断增多。教辅资料是学生预习、上课、复习必不可少的辅助资料，在学生掌握教材知识、系统性总结和拓展书本知识等方面都起到了重要作用。研究发现，好的教辅资料往往能够较快地提升学生的学习成绩，能够给学生提供比较有效的学习方法，能够为学生展现清晰的知识体系。然而市场上存在大量不好的教辅资料，这些教辅资料内容繁杂，知识体系混乱，选题不够精准，不能呈现科学有效的学习方法，大大增加了学生的学习负担，在学生选择教辅资料的时候给学生造成很大的困惑。因此，开发适合学生学习实际的教辅资料非常关键。

（二）研究问题

目前市场上的教辅资料主要存在以下问题：
（1）教辅资料良莠不齐。
（2）课时划分没有严格遵循课标要求。
（3）有些教辅资料比较陈旧。

（三）研究意义

1. 理论意义

教师是教辅资料的研发者，也是教学的实践者，校本教辅资料的开发可以提高教师的研究意识和能力，促进教师专业化发展。校本教辅资料的开发要以教学活动为中心，发挥集体智慧，这样有利于培养一支业务精湛的研究型教师队伍。

2. 实践意义

校本教辅资料制作经过了本校教师的反复选择、改编、整合、拓展等，更符合校情，更符合学生的学情。校本教辅资料更贴近学生的学习和生活实际，更符合学校的特色，在切实解决教辅资料不合实际方面具有重要的实践意义。

二、文献综述

(一) 国内外研究现状

1. 国外中小学教师编写教辅资料的情况

研究发现，英国中小学的教辅资料可分为教辅图书、教辅报刊等，这和我国差不多。教辅图书涉及各科基础知识、各科试题、解题技法等内容，与我国类似。英国教师设计的教辅资料有可操作性和趣味性，往往要求学生小组合作完成，同时，注重基础性，注重控制习题难度、保护学生心理。例如，课后布置一些多媒体作业，要求学生完成。韩国在中小学教辅资料的编写方面一般有如下要求：内容选择要以教育课程和教科书为标准，难度水平和资料范围要适当；要考虑到学生的发展阶段，选择有益于培养学生思考能力和创造能力的内容；出现与以前年级的学习相关的主题，要适当地联系以前学过的概念、原理、法则和解决问题的方法，加强年级间的联系性；要提供多种难度不同的问题，让学生选择适合自己水平的问题；等等。虽然不能确定教师在多大程度上参与教辅资料的编写，但从上述要求可以看出，教师应该是最能将上述要求落到实处的教辅资料编写群体。

因此，我们可以认为，国外中小学教师，他们在自己的教学过程中会使用教辅资料，这些教辅资料不一定是自己编写的，但在使用过程中教师会进行改编，使之更适合学生使用。国外教师使用教辅资料的目的是激发学生的学习兴趣，提高学生的学习能力和学习水平；此外，国外注重信息化条件下教辅资料的运用，作业尤其是这样。

2. 国内中小学教师编写教辅资料的情况

在我国，教辅资料的编写和出版带出的是一个巨大的商业市场。随着中小学新课程改革的实施，教材多样化成为课程改革的一项重要内容，更直接导致了教辅资料的多样化。但我国教辅资料存在以下问题：

（1）极少部分中小学教师组织编写或参与编写正规教辅资料。

（2）少部分中小学教师编写适合自己教学的零星教辅资料供教学使用。

（3）大部分中小学教师改编个别教辅资料供自己教学使用。

（二）本研究核心概念界定

1. 校本课程和校本教辅资料

校本课程是以学校为本位，由学校确定的课程。校本教辅资料就是以校为本，根据学校的情况，以学生的发展为基础，自行开发出来的教辅资料。它符合学校的校情、学生的学情，具有很强的针对性。

2. 核心素养

核心素养指学生应具备的适应终身发展和社会发展需要的品格和关键能力。化学核心素养是指化学学科赋予学生的未来发展必备的品格和关键能力，是在解决复杂的、不确定性现实问题过程中表现出来的综合性品质或能力，是学科知识和技能、过程与方法、情感态度和价值观的整合。

初中化学核心素养是学生在学习初中化学后形成的基本素养，在培养学生把握问题解决能力和化学思维的同时，对于学生的发展有着不可估量的作用。教师在进行化学教学时一定要激发学生的学习兴趣，让学生自主思考问题。

本研究认为，初中启蒙阶段应该培养的学生化学学科核心素养如下：

（1）"变化观点"，化学变化是化学科学研究的核心内容，物质在发生化学变化时遵循质量守恒定律，而质量守恒定律是自然界的普遍规律之一，也是初中化学的重点内容，因此，"变化观点"可以作为初中化学的核心素养之一。

（2）"宏观辨识与微观解析"，宏观与微观的联系是化学不同于其他学科的明显特征，所以，"宏微结合"可以作为初中化学的核心素养之一。化学研究的对象是物质，物质是由元素组成的，物质可用化学符号表示，化学符号是国际通用的化学特有语言，所以，会认识化学符号、会用化学符号表征物质是化学的核心素养之一。

（3）"实验探究和证据推理"，化学是一门以实验为基础的学科，化学实验是化学科学研究的基本手段，科学的本质是探究，科学探究是化学家研究化学的方法，也是化学课程要求学生掌握的重要内容和学习方式，所以，"实验探究和证据推理"是初中化学的又一核心素养。

（4）"科学精神与社会责任"是化学学科素养更高层面的价值追求，体现化学学科价值与社会责任。

3. 单元教学

单元教学是根据一定的教学目标与某主题的教材内容，按照知识内在的逻辑结构关系、学生的认知水平和认知特点，将教学内容整合为具有一定主题的结构化的教学单元而开展的教学。

化学学科具有较大的难度，而初中生学习能力和思维能力有限，在学习中有可能无法跟上教学进度，从而导致化学基础不牢固。对此，教辅资料栏目设计中应充分考虑分层教学的需要，设置具有梯度的练习题，对教学进度进行适当调整，夯实学生的化学基础，为以后的学习奠定良好的基础，重点培养不同层次学生的学科素养。

三、研究设计

（一）研究对象

遵义市第一初级中学学生。

（二）研究内容

（1）研究符合遵义市第一初级中学毕业班学情的校本化学教辅资料的内容体系并编撰开发。

（2）研究校本化学教辅资料的使用策略，以及校本化学教辅资料使用和学生化学核心素养提升之间的关系。

（三）研究思路

以"基于核心素养的单元教学评价"这一重要理念为指导思想，将整本教材的重要概念、主干知识、学科思想方法、学科核心素养等分解到各章内容。每一章进行目标分解，除了关注教材，还要关注学生的学习心理以及学科核心素养的培养。

比如，在每一章中要有总结提升板块，引导学生构建本章的知识体系，以思维导图形式，引导学生建立知识点之间、主干知识和重要概念之间的关联。此外，还要关注学生学习的障碍点，每章节都要设立重点、难点的突破以及能力培养内容。

本教辅资料编写的宗旨是导练结合，培养学生的化学学科素养。因此，本教辅资料的名称为《遵义市第一初级中学　校本教材导与练（化学）》。封面设计既要体现化学的特征，又要包含遵义市第一初级中学的特征。

（1）课时板块

【预习导航】"预习导航"的目的是鼓励学生自主学习，通过预习了解本节课的内容。

【例题赏析】"例题赏析"不同于一般的问题解答，它是给学生的一种解

133

题训练和思维方法示范。例题体现的是该节课的核心知识，学生通过例题分析，可以初步掌握本节课需要用到的解题方法和技巧。

【夯实基础】该部分检测的是本节课的基础知识掌握情况。

【能力提升】该部分是对本节课知识的拓展、延伸，主要以培养学生的能力为主，也体现了分层教学的需要。

【名师点拨专栏】对本节的重难点进行归纳，对易错易混的知识点进行梳理，起到一个总结提炼的作用。

【温故而知新】起到巩固提升的作用。

【章末复习】画有知识网络图并配有点对点练习，让碎片化的知识结构化、系统化。

（2）课时数

根据课标以及教学需要，设计合理的课时数。

此外，每单元均配有检测卷，让学生从一开始就熟悉中考的模式，在编制的时候充分考虑了对于化学核心素养的考查。

（四）研究方法

（1）文献研究法

查阅国内外中小学教师编写教辅资料方面的情况，特别是国内教育相对发达地区教师编写教辅资料的情况，如遇到的问题、解决的办法、最后形成的成果等，以及贵州省中小学教师教辅资料编写现状，通过对比，找出值得借鉴和参考的方法，为遵义市第一初级中学教师编写化学教辅资料提供参考。

（2）调查法

主要用问卷调查法和访问调查法，对遵义市部分教师在编写教辅资料方面的情况进行调查，了解教师们在编写教辅资料时的希望和困惑等，从而提出比较科学合理的教辅资料编写方法。

（3）经验总结法

根据一些教师编写教辅资料的过程和经历，挖掘他们现有的经验材料，并使之上升到理论的高度，透过现象看本质，找出实际经验中规律性的东西，使之能正确指导遵义市第一初级中学教师编写化学教辅资料。

（五）研究步骤

1. 查阅资料

借鉴教育发达地区开发与利用教辅资料的经验，并根据遵义市第一初级中学的教育现状及学生现状，思考该怎样编写符合学生学情的教辅资料。

2. 分析本校学生对化学教辅资料的需求

因为编写的教辅资料是给学生使用的，学生需求分析做得不到位，就不能编写出适合学生的教辅资料。因此，分析学生时把学生分析得越细致越好、越清楚越好。

为了掌握学生对教辅资料的需求情况，我们对遵义市第一初级中学的初三学生进行了问卷调查，切实了解了学生对教辅资料的需求情况。

3. 明确编写目标

以课标为依据，以遵义市中考的实施意见为指引，以学科知识为载体，以现在的育人标准为指导思想，编写教辅资料。

4. 确定编写原则

要考虑教辅资料的系统性、实用性、通俗性、趣味性、互动性、时代性，可以因内容和特点而定。

5. 体例设计

本教辅资料的体例设计是第××章第××节+具体的教学内容+栏目设置。

6. 细化编写方案

这要求把教辅资料编写过程中可能出现的问题和情况都预想到位，如语言的规范问题，标点特别是数字序号的使用问题，练习题数量的安排问题，参考答案的编写和规范问题，等等。这些都需要想清楚、想明白，以免在编写中遇到什么问题从头再来。

7. 设置程序时间

因为教师们都是利用业余时间来编写教辅资料，为了编写出适合遵义市第一初级中学学生的教辅资料，我们根据教师的实际情况，设计了编写程序和过程。为了规范编写流程，还设置了工作时间表、负责人等。

四、研究发现

（1）编写和利用好教辅资料，可以较好地让学生掌握相关知识。

（2）教师编写和使用好教辅资料，有利于教学的开展。

（3）该教辅资料得到了学生的认可。

（4）校本教辅资料的开发与应用有助于提高学生的化学成绩，并有助于提升学生的学科核心素养。

五、研究结论与启示

（一）研究结论

本教辅资料的编写和使用，既提高了教师的出题能力、教学能力和教研能力，还提高了学生的学习成绩，也促进了学生化学学习能力的培养。

（二）研究不足与未来研究方向

1. 研究不足

（1）该教辅资料通过问卷调查法，根据大多数学生对教辅资料的需求编制，但由于学生存在个体差异，该教辅资料只适合大多数的学生，没有照顾到极个别的学生。

（2）学生初中毕业后没有继续跟进研究。

（3）教师能力的培养不能量化。

2. 未来研究方向

在以后的研究中，一定要对研究个体进行长时间的跟进与研究。

参考文献

［1］孟建华．把握教辅图书特点 保障教辅图书质量［J］．出版广角，2014（16）：76-77.

［2］欧阳嘉．新课程背景下的贵州省中小学教师编写教辅资料现状及对策研究［D］．贵阳：贵州师范大学，2016.

［3］王爱富．基于发展学生核心素养的单元教学设计实践探索［J］．化学教学，2017（9）：55-59.

［4］余润，毕华林．中学化学教材中例题的功能及设计分析［J］．山东教育，2010（32）：48-49.

［5］李建周．如何把好教辅图书质量关［J］．出版参考，2016（8）：61-62.

［6］孙利秋．从英国中学生教辅资料使用现状透视英国教育理念［J］．广东教育，2012（12）：64-66.

多媒体在地图教学中的实效性研究

杜向荣　贵州省遵义市桐梓县新站镇新站中学

一、研究缘起

1. 研究背景

（1）提升学生读图素养是时代需求。

（2）多媒体地图具有呈现优势。

（3）部分农村学校地图教学面临困境。

2. 研究问题

本文主要针对偏远山区基础薄弱学校，就多媒体方式在提升读图教学实效性方面提出以下问题。

（1）如何有效发挥多媒体在培养学生读图兴趣和习惯、提升学生识图能力方面的作用。

（2）如何让多媒体动态功能在学生析图技能提高上发挥作用。

（3）如何利用多媒体交互功能提升学生综合用图的能力。

3. 研究方法

（1）通过实证研究，梳理对比多媒体与传统地图教学过程与实效性方面的差异。

（2）梳理概括出多媒体在读图教学中的有效策略。

4. 研究意义

（1）理论意义

学生在学习地图时，教师应用多媒体，可以引起学生的读图欲望，培养他们的读图能力，教会他们解决地理问题。多媒体教学方式的融入，使地理教学在读图和用图能力的培养上更加多样化，灵活性更强，多媒体可以帮助教师优化教学质量，提高地图学习效率和教学效果。

（2）实践意义

在多媒体教学模式下，运用多媒体技术进行动画模拟，把原来传统地图教学中的难点简单化，通过多媒体演示地理事物特征变化过程，可以提升学生的认知能力，在一定程度上能够帮助学生对地图学习产生浓厚的兴趣，促进学生养成良好的读图习惯，提高学生析图与用图能力。

二、文献综述

（一）国内研究现状

从研究现状来看，很多教师注重利用多媒体技术培养学生读图能力，其中有一些值得借鉴的宝贵经验。

张桂兰（2006）提到，要培养学生阅读地理图像的能力，培养学生运用地理图像分析问题和解决问题的能力。

王红（2018）强调，信息技术与多媒体技术的结合，可以大大提高初中地理教学中读图教学效率。利用多媒体演示功能，可以提高学生的读图和用图能力；利用多媒体交互功能，可以解决读图问题；利用多媒体图文功能，可以达到图文相统一的效果。这3个方面均可提高学生的读图能力。

周和平（2009）强调，运用多媒体技术，不但可以提高学生读图能力，发挥地图在地理教学中的作用，达到图文相统一的效果，而且有利于增强学生的学习兴趣，提高其分析和解决问题的能力，以及大大提高教学效率和质量。

（二）研究述评

应用多媒体进行读图教学，是培养学生读图能力的主要手段。随着时代的进步，教育不断发展，教材知识呈现形式不断变化，考试不断改革，师生角色不断调整，所以，培养学生策略也应该不断改进，对多媒体读图能力培养方法的研究也有待进一步深入。

（三）核心概念界定

1. 地图

地图即直观反映地理事物特点和联系的各类图像系统。本研究中的地图是指初中地理教材中的各种图片资料。

2. 地图技能

地图技能是指从地理图像中掌握信息的技能。在该研究中，地图技能可以分为如下4个层次。

（1）读准地图：即借助地图的名称、比例尺及图例等要素，在图中准确找到需要的地理信息。

（2）记准地图：熟悉地图中找到的地理信息，并形成准确的记忆内容。

（3）析准地图：对找到的地理信息进行有效分析，提炼出地理特征、地理规律以及各地理要素间的关系，准确理解和把握地图。

（4）用准地图：在遇到问题时，能够准确运用地图解决地理实际问题。

其中，读准地图是基础，记准地图是重点，析准地图是关键，用准地图是目的。

3. 多媒体教学

在教学过程中，为使教学效果最优，常根据教学目标和教学对象的特点，通过教学设计，合理选择和运用现代教学媒体，与传统教学手段有机组合。

（四）理论基础

（1）梅耶多媒体教学原则

梅耶多媒体教学原则认为，学生学习由词语和画面组成的信息比只学习词语效果更好。这一原则告诉我们，在课前进行教学设计和课堂中实施教学时，要考虑初中阶段学生以"形"学习的特点，更多地利用多媒体呈现地理图像，以有效帮助学生获取更多地理知识。

（2）皮亚杰认知发展理论

皮亚杰认知发展理论认为，发展是一种建构过程，是个体在与环境的不断相互作用中实现的，所有有机体都有适应和建构的倾向，同时，适应和建构也是认知发展的两种机能。适应包括同化和顺应两种作用和过程，个体的心理发展就是通过同化和顺应日益复杂的环境而达到平衡的过程。个体从出生到成熟的发展过程中，其认知结构在与环境的相互作用中不断重构。依照这一理论，我们可以不断利用多媒体策略激发学生学习兴趣，在这样的"环境"下不断"同化"而逐渐形成学生的读图习惯，帮助其树立用图意识，使其逐步进入用图状态，提高用图技能。

三、研究设计

（一）研究对象

研究对象为七、八年级普通班级学生，各班级学生地理成绩大致平行，班内学生学习水平参差不齐，大部分学生对地理学习兴趣不浓，地图基础不扎实，根据平时成绩和日常地图学习情况，学生读图能力按 $1:6:2:1$ 的比例划分为优、中、差、无 4 个等级，本次研究以中等生为重点研究对象并参考其他学生情况展开。

（二）研究内容

本研究以初中湘教版地理教材为依据，侧重于平时课堂读图教学中所遇到的主要问题，尝试研究多媒体教学策略在激发学生读图兴趣、培养学生读图习惯和地图理解分析能力，以及用图解决地理问题方面可能发挥的作用。

（三）研究方法

（1）问卷法。针对本校七年级和八年级大部分学生，就多媒体帮助学习地图情况做问卷调查，以获得一手资料。

（2）文献资料法。主要从网络上收集和整理学习资料，借鉴利用多媒体培养学生读图能力方面的一些研究理论、方法、案例和经验。

（3）实证法。教师在课堂上利用多媒体针对典型地图问题展开教学实践活动，零距离指导学生读图。

（4）观察法。观察学生使用多媒体技术学习地图的情况，及时调整教学策略，处理学生在读图学习中出现的实际问题。

（5）对比法。就同一读图内容，在基本平行的不同班级采取传统式与多媒体手段教学对比，分析2种不同教学方式的教学效果。

（四）研究步骤

1. 准备阶段

（1）查阅有关多媒体读图教学的文献资料，寻找问题研究的理论依据和研究现状，收集相关材料。

（2）确立课题，明确研究思路，制订初步的可行性研究方案，落实研究任务。

（3）围绕课题在学生中开展问卷调查，了解学生对多媒体读图教学的想法和体会，掌握学生读图能力现状。为了激发学生学习地图的兴趣、唤起学生的自信心，结合学生的具体情况，安排了以下内容：指导学生课外学习内容；课堂指导计划。

（4）组织开展课题研究的其他准备活动，如研学旅行用图。

（5）构思开题计划，撰写开题报告。

2. 实施阶段

（1）在问题确立与借鉴他人研究经验的基础上实施问题探究活动，根据本地研究条件，完成第一阶段研究。

（2）在实施过程中，针对出现的新情况，不断调整研究方式和研究内容，进行课堂实践，不断寻求解决问题的策略。

（3）根据研究成果编写阶段性报告和论文。

3. 总结阶段

（1）验证课题研究成果是否有效，将解决问题的有效方法运用到实际教学中，使多媒体读图教学效果更加凸显。

（2）全面总结课题方案，整理资料，分析并反思，撰写结题报告。

四、研究过程及研究发现

（一）关于利用多媒体培养读图兴趣与习惯的研究

1. 研究过程

主要采取课堂实证法，多次开展多媒体的课堂读图活动，以"贵州省的环境保护与资源利用"导入课教学为代表案例，在基本平行的两个班分别采取传统式导入和多媒体导入教学对比，研究多媒体对培养学生读图兴趣的影响。

（1）兴趣培养

一是明确目标。本研究要完成的任务是利用多媒体激发学生学习兴趣，更重要的是在此过程中学生的识图能力要有所提高。

二是利用多媒体筛选图片资源。注重内容选择的趣味性、真实性、知识性。

三是利用多媒体编辑图像内容。注重学生好奇的心理特征和循序渐进的认知规律，注重高效性、概括性、简洁性和美观性，达到画面表达胜过语言表达的目的。

四是以多媒体手段为主。注重在利用多媒体的过程中根据实际情况适时提示、恰当点拨或简单抛问，达到既培养学生兴趣又训练学生识图能力的目的。

五是注重实施内容和效果。在地图教学中运用多媒体播放图像，让学生以赏析为主，刺激学生读图欲望，激发学生读图兴趣，引发学生学图动力，使其掌握读图知识。

- 课堂观察统计（见表1）

表1　　　　　　　　　　　　课堂观察统计

	愉悦表现	注意力集中	思考问题	摇来晃去	做与学习无关事	回答问题	师生互动	渴求眼神
传统式导入	40%左右	75%左右	60%左右	3人	2人	不积极	极少	少数
多媒体导入	90%左右	97%左右	85%左右	无	无	积极	较好	多数

● 课后访谈

课后访谈发现，76%的学生认为传统式导入过于单调，10%左右的学生感到乏味无趣，20%左右的学生希望不被教师提问；90%以上的学生对多媒体导入形式比较有兴趣，视频内容能让他们注意力更集中，更能产生学习欲望。

（2）习惯培养

在利用多媒体培养读图习惯过程中，利用网络选取富有变化的、能激发学生读图兴趣的地理信息，根据每次不同的教学要求设计训练并坚持实施。训练过程中针对具体情况，不断调整训练内容并完善训练计划。

2. **研究发现**

对于兴趣培养，多媒体声情并茂地把图片中的精彩内容展示出来，引发了学生好奇心，集中了学生们看图注意力，学生在读图过程中兴趣盎然，各种"精彩"背后蕴藏着的地理原因，令学生们对贵州的探知欲油然而生，进而产生互动，课堂气氛活跃，学习状态良好。

对于习惯培养，调查发现，70%左右的学生从原来的只有读图兴趣逐渐形成读图习惯，同时发现兴趣与习惯互相促进，若教师在培养读图兴趣方面坚持做好，那么在培养学生读图习惯方面就会极易取得成功。

（二）关于用多媒体动态性培养学生读图技能的研究

1. **研究过程**

学生只凭教材地图进行学习相当困难。据此，教师认真研读课标，解读教材，结合实际情况，从利用多媒体读图角度考虑，找准需要利用多媒体读图的关键点，把多媒体运用在不可替代的重难点上，将书中静态图变为动态演示图，将地理知识要点更直观地表现出来，努力降低学习难度。

例如，为了让学生更扎实地学好地图，开展以"地球公转图"为例的多媒体课堂教学实践活动。在水平相当的两个班级，一个用传统地图教学法，另一个用多媒体读图教学法，进行教学对比。课堂实践结果见表2。

表2　　　　　　　　　　　　　　　课堂实践结果

形式＼内容	对太阳直射点移动的理解	昼夜长短理解	自转理解	有空间概念	作业表现（合格率）	识记效果	教学用时（分钟）	补救措施
传统式读图	78%	70%	82%	42%	56%	一般	19	重讲
多媒体读图	91%	91%	94%	88%	81%	良好	11	放映

2. 研究发现

结合多媒体来实施读图教学，可以让知识重难点直观化，从而加强学生读图基础，提升学生地图理解力。

多媒体可变会动、声图并茂、形象直观的特点，让学生们感受到视听效果，多媒体将学生难以理解的地图内容演示出来，化难为易，既使学生获得知识，还能大大缩短教师在课堂上的作图时间，降低了教学难度，更有助于提升学生的读图技能。

（三）关于利用多媒体交互功能提升学生综合用图能力的研究

1. 研究过程

农村普通初中学生接触外界较少，大部分学生地理视野不开阔，地理科普方面知识有限，自主利用现代信息技术解决地理问题的机会较少。解决实际问题时，学生用图意识不强，若碰上综合性问题，往往顾此失彼，效果常常不理想。

例如，部分学生对"世界人口分布特点"掌握的就不够扎实，只能在图上看懂人口疏密度，对于世界人口分布影响因素不能分析，如果教师只利用教材上的地图来指导学生解答问题，难度大且麻烦。

针对本教学内容特点并结合学情，将本问题放到本校平行的 A、B、C 3个班级中进行研究。在 A 班实施传统型读图教学，在 B 班实施多媒体教学，在 B 班教学实践基础上对 C 班实施多媒体教学，实践结果统计见表3。

表3　　　　　　　　　　实践结果统计

	传统教学（A 班）	多媒体（B 班）	多媒体（C 班）
人口分布地区掌握情况	89%	93%	95%
人口分布气候因素掌握情况	34%	72%	94%
人口分布地形因素掌握情况	78%	85%	95%
人口分布水源因素掌握情况	44%	82%	93%
人口分布纬度带因素掌握情况	71%	86%	94%
教学时长（分钟）	26	18	13
目标实现程度	56%	78%	96%

2. 研究发现

教师巧用多媒体整合地图资源进行教学，能比传统教学更简便快捷地实现教学目标，利用多媒体整合地图资源，对帮助学生提取地图信息、解决读图困难问题、全面提升综合用图技能、促进思维发展、提高学习效率等方面都有益处。

五、研究结论与启示

（一）研究结论

通过阅读多媒体读图教学相关文献、学习专家理论、进行多次课堂教学实践和收集学生信息等，研究发现，多媒体在地图教学中发挥了强大的作用，见图1。

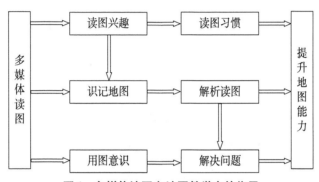

图1 多媒体读图在地图教学中的作用

经过实践探究，我们得出应用多媒体的几点有效做法：

（1）利用多媒体选择超越学生视野、突破教材地图局限性的视图资料，能激发学生学图的动力，提高学生地图认知能力。

（2）教师经常变换多媒体读图内容与形式，可以给予学生新奇感，在培养学生读图兴趣的同时可以增强学生读图信心，促进学生读图习惯的形成。

（3）将多媒体的动态性和可叠加功能巧用到学生析图能力培养上，便可助推学生更好地进行地图分析，更快地突破读图难点，促进学生智力与思维发展。

（4）将多媒体整合功能巧用到学生综合用图技能培养上，能够加强学生的用图意识，提升学生用图解决地理实际问题的能力。

（二）研究的启示

（1）在现代信息技术不断发展的今天，实践证明多媒体是可用于学生读图能力培养并有助于学生析图用图技能提升的，教师必须适应发展要求，学会利用多媒体技术，助力地理教学。

（2）转变传统教学观念。只有改变传统的教学观念，才能做适应时代发展的教师。

（3）教师利用多媒体技术的水平有限，需要加强学习。

六、研究不足与未来研究方向

（一）研究不足

（1）研究理论不足，研究能力薄弱，整个研究过程边学边做，所以研究结果不够理想，还需在实践中不断检验和修正。

（2）没有教师研究团队，导致研究过程与结果客观性不够。

（3）研究过程不是十分科学规范，从现象到本质提炼不到位。

（二）未来研究方向

课题研究是教师成长和提高教学水平的主要方式之一，多媒体策略是培养学生读图能力和提高地理教学质量的良方，根据地域环境，结合当前教育发展趋势，未来研究要做好以下方面：

一是持之以恒地学习研究知识，依托现有资源，不断深入地理教学研究实践。

二是继续加强本课题的研究，坚持使用多媒体资源，经常开展课堂实践，让学生在增强读图兴趣基础上提升读图自信心，形成良好的读图习惯；加强利用多媒体调用和整合各类地图信息资源的能力，重点开展区域性地理综合读图问题解决课题实践探究，寻求提升学生用图解决问题能力的多媒体教学策略。

三是在今后的地理教学中，以"研究"为方向，不断发展教师的教学思想，努力提高教师的教学技能。

参考文献

［1］王民．初中地理教学策略［M］．北京：北京师范大学出版社，2010．

［2］李其良，朱捷．试论地理图像对地理复习教学的助推作用［J］．江苏教育研究．2018（16）：18-23．

［3］叶回玉．中学地理图像"自主：探究式学习"教学策略的实验研究报告［J］．福建教育学院学报，2006（3）：30-32．

［4］张桂兰．如何运用地图教学培养学生的地图能力［J］．中学地理教

学参考 . 2006（7）：31-34.

　　［5］丁武营，李元平，郑云清 . 初中地理教学关键问题指导［M］. 北京：高等教育出版社，2016.

　　［6］项家庆 . 教师课堂教学常见技能问题：以问题为中心的研究与培训［M］. 天津：天津教育出版社，2010.

　　［7］汪文达，胡茂永 . 义务教育教科书　地理教师教学用书［M］. 长沙：湖南教育出版社，2012.

　　［8］杨佳努 . 通过地图培养高中学生地理学习能力的策略分析［J］. 中学课程辅导（教学研究），2018（26）：221.

　　［9］王宏章 . 在初中地理教学中要注意读图能力的培养［J］. 少儿科学周刊（教学版），2014（8）：318.

提高高中生政治学科主观题
答题能力的行动研究

——以遵义四中 2020 届文科学生为例

翁　倩　贵州省遵义市第四中学

一、研究缘起

（一）研究背景

1. 时代背景

当前不同思想文化观点相互交融，特别是随着互联网等新兴信息传播渠道的迅速发展，学校思想政治教育工作面临着许多新任务。

习近平总书记多次强调"办好思政课"，不难看出国家对思想政治教师、思想政治教学工作的高度重视。这样的时代背景赋予思想政治教师更重要的任务。

2. 学科背景

高中思想政治学科涉及知识面较广，经济、政治、文化、哲学各个领域都有重要的考查点。高中学生在校学习，与社会没有真正深入的接触，对社会的感知和分析大部分要通过学校和家庭。而在政治学科的主观题分析中，素材基本来自当下的时政热点。主观题解题的过程，最能体现学生对知识的掌握程度、对素材的分析能力、对语言的组织能力。

3. 现实困境

高中政治的主观题材料常常是当年最新最热的材料，而对时政材料的分析和掌握没有固定的"模板"、必然得分的"公式"，这就对学生的素材分析能力、知识运用能力、语言组织能力、应变能力提出了更高要求。

总结起来，学生存在的问题主要表现在以下几个方面：

（1）审题不清。首先，审不清楚答题范围。例如，唯物论与辩证法混淆，主次矛盾与矛盾的主次方面混淆。其次，审题中主体混淆。例如，企业、国家、个人的措施分不清，人民代表大会、党和公民的权责混淆。最后，审不清楚问题的类型。例如，将探索原因的题答成怎么做的措施类题。

（2）语言不规范。口语化、政治学科术语使用错误、哲学原理与方法论表述不准确等。

（3）整合能力弱。在综合性的试题中，只能从一个小知识点来分析解答，而不能从整体的角度对问题进行逐层分析。

（4）书写不规范。主要体现在字迹潦草、卷面混乱、随意涂画等方面。

（二）研究内容

研究将从学生知识构建、学习过程、答题过程几个维度对学生的答题能力展开。结合一线教学状况，研究和完善较为系统的主观题答题方法，为提升一线教学成绩和彰显政治学科素养提供可行的实践参考。

（三）研究意义

1. 提升素养，突破困境

本课题研究需要通过学生的考试情况分析、教师的教学视频回顾等方式，对新教材反复剖析，对新考纲反复研读，对新时政素材反复甄选，对学生学情反复研判，因此，需要教师全面把握高中思想政治课的核心素养，整合教学内容和教学素材。在教学过程中，通过学生测试的反馈、学习状态的观察等，可以不断评估教师教学成效。课题研究能够及时发现学生的知识掌握情况，有利于找到突破学生主观题答题困境的方法。

2. 教学提升，专业成长

研究旨在找到针对高考需求、立足学生现状的有效的主观题解决方法，并推广给一线教师，提升政治学科主观题教学成效。在研究过程中，教师需要不断反观自己的教学方法、教学能力、知识储备、素材更新情况，这符合教师不断锤炼自身教学能力、提升自身专业素养的要求。这种有目的、有意识的教学研究活动，能够让教师及时反思自己的教学状况、调整教学活动、更新专业知识和提升专业能力。

二、文献综述

（一）国内外研究现状

研究文献总体而言可以分成以下几种情况。

1. 综合性分析，但缺乏可操作的实践策略

这类文献分析了学生不会答题的主观、客观原因，并从理解知识、培养能力、掌握方法等角度给出许多分析和建议。但是，这一类的文献大多就学生不会答题的原因进行分析、强调主观题重要性等，对于广大一线教师而言，

不太具有可操作性。

2. 从语文学科角度分析，但未能抓住学科特质

第二类文献则充分运用了语文学科的"解读""分析"方法，不断细化、剖析政治测试题，再指导解答。例如，从设问方式、句子成分、关联信息等方面，为培养学生政治主观题答题能力提供许多有益的建议。这种剖析方法非常适合对材料的分析和解读，但是需要明确的是，政治课不是语文课，在政治课测试中，分析材料、解读信息只是对学生的要求之一，学生还需要对信息进行整合分析、调动已有的学科知识进行解答，并要组织整理答案。政治主观题不同于一般的素材剖析题，是"应用题"。学生不仅需要具备语文的视角和剖析能力，还要有政治的视野和学科素养，要在答题中调动学科知识。

3. 方法、素材老旧，缺乏时效性

在第三类文献中，许多一线教师将政治主观题的答题方法总结为许多"套路""步骤"，这种方法对现在的教学实践具有一定的借鉴意义。例如，有的研究就为主观题的解答提出了建议：明确设问、找准信息、分点分段、结合实际。政治学科对素材和答题术语的时效性要求非常高，因为教材和试题每年都会随着国家的重大事件、决策而变动。同时，政治学科的考题呈现出越来越具有开放性、越来越灵活的特点，这就会对传统的素材分析方法、答题"套路"产生很大的冲击。故而在当下，立足于学生的学科核心素养，培养学生对各种素材的掌控、分析能力才是教师主观题答题教学的重要议题。这也是即便前人在政治课教学中做了许多尝试和总结，但时至今日依旧要开展研究的价值所在。

（二）核心概念的界定

（1）政治学科核心素养：主要指政治认同、科学精神、法治意识、公共参与 4 个方面。

（2）答题能力：答题能力是一种处理信息、应对场景、解决问题的能力。它需要知识积累、思维品质、实践运用相结合。

（3）主观题：主观题通过素材分析，让学生按要求组织语言回答某个问题，这种题型既能考查学生的知识储备，又能考查学生的知识运用能力、价值取向和学科核心素养。

三、研究设计

（一）研究对象

主要研究对象为遵义市第四中学 2020 届在校文科班学生。

（二）研究内容

本研究将从学生知识构建、学习过程、答题过程几个维度对学生的答题能力进行研究，并结合一线教学状况，研究和完善主观题答题指导方法，为提升一线教学的成绩和彰显政治学科核心素养提供可借鉴的实践参考。

（三）研究方法

1. 行动研究法

行动研究法是指以解决教育实际问题为首要目标，在不干扰正常教学活动的前提下，教师综合运用多种研究方法与技术探索策略的一种研究方法。本研究是一个教学实践研究，所以选择了行动研究法。

2. 个案研究法

个案研究法包括收集、记录一个或几个案例材料，并写出个案报告。本研究选取 6 名学生作为跟踪研究对象，分析学生在主观题答题过程中的困境和成长过程。

（三）研究步骤

1. 阶段一：数据分析——问题的分析和探索

学校高三文科学生每个学期都会有 3 次大型考试，除此之外还有专门的周训练，这些考试的数据是本研究开展学生答题困境分析的有力支撑。所以，在每次考试之后，教师除了要将试题分析透彻，还要认真研究学生的整体答题数据，从分数得失来研究学生的知识板块掌握情况、答题误区、素材分析能力、语言整合能力等。

在日常教学中涉及主观题答题的时候，也要通过作业批改、提问、小组合作等方式，积极探寻影响学生主观题答题的原因。

2. 阶段二：设计计划——对策的设计和调整

教学对策的设计和实施是一个不断"升华"的过程。所以，本研究主要采用行动研究法，将研究分成 3 个阶段来开展，并在日常教学中细化为更小的阶段。这样不仅具有可操作性，也能在教学中及时发现问题，及时调整、及时反馈、及时更新素材。

3. 阶段三：成果分享——结论的形成和共享

本研究形成了一套完整的主观题解题能力提升闭环路径，即收集数据、分析困境—寻找原因、对症下药—设计策略、编写素材—实施策略—分析成效、总结经验—发现新问题。

研究流程见图 1。

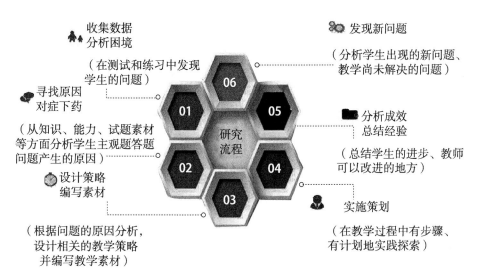

收集数据
分析困境

（在测试和练习中发现
学生的问题）

寻找原因
对症下药

（从知识、能力、试题素材
等方面分析学生主观题答题
问题产生的原因）

设计策略
编写素材

（根据问题的原因分析，
设计相关的教学策略
并编写教学素材）

发现新问题

（分析学生出现的新问题、
教学尚未解决的问题）

分析成效
总结经验

（总结学生的进步、教师
可以改进的地方）

实施策划

（在教学过程中有步骤、
有计划地实践探索）

研究流程

01 02 03 04 05 06

图 1　研究流程

四、研究结果和研究发现

（一）研究结果

通过实践研究和探索，本研究总结了学生答题困难的原因并提出了对应的方法策略。通过有计划、有步骤的教学活动实践和学习方法指导，帮助学生在学习过程中提升了对知识的理解和运用，有效提高了学生的主观题得分率，培养了学生的逻辑思维，提升了学生的学科核心素养，实现了育人要求。

（二）研究发现

通过数据收集、分析和教学实践，研究发现，学生主观题出现问题的原因和有效的应对措施为以下几个方面。

1. 出现问题的原因

（1）知识储备不够。

（2）审题能力欠缺。

（3）信息提取能力欠佳。

（4）答案书写不规范。

2. 应对措施

（1）增加学生知识储备

学生知识储备不足的问题靠简单的背、记忆不能解决，知识储备是一个长期的、有计划的、有方法的过程。

首先，从课堂教学和学生学习来看，为了提高课堂效率，采取的方法是以学案推动学生的学习活动，学生记的笔记主要是重要的、理解性的重点。而对于内容较多的表格、知识点等，教师事前要通过精巧的学案设计帮助学生提高课堂学习的效率，减少不必要的书写。在课堂教学中遇到重要的知识内容，应留有合适的时间让学生当堂记忆。当然，课后还需要继续复习，减缓记忆退化。

其次，构建答题模板，完成答题语言的精简和积累。

再次，构建答题框架，形成宏观知识体系。

最后，通过课堂默写、课堂限时训练、课后小组抽签背诵等组织方式，帮助、督促学生在日常学习中不断巩固知识点。

（2）构建答题思维模型

经过分析研究，我们总结出主要的答题设问方式。

● 类型Ⅰ：是什么类

①体现类

这一类题的答题思维模型见图2。

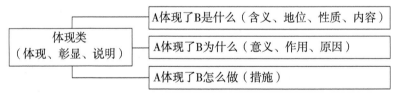

图2　体现类题目答题思维模型

②描述类

第一步：确定描述对象（根据图表的标题与图表中的关键字词确定描述的对象）。

第二步：数据分析［A. 比较。横比（找差距）、纵比（找趋势）、综合比（找联系）。B. 审注解。注解是补充说明的材料，往往是答案的组成部分，绝对不能忽略］。

第三步：得出答案（根据数据分析，概括出数据所反映的信息，生成答案）。

● 类型Ⅱ：为什么类（包括原因、意义、影响、作用、价值等）

这一类题的答题思维模型见图3。

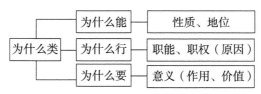

图3 为什么类题目答题思维模型

- 类型Ⅲ：怎么做类（包括措施、建议、启示等）

这一类题的答题思维模型见图4。

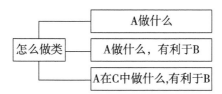

图4 怎么做类题目答题思维模型

- 类型Ⅳ：开放性试题

这一类题的答题思维模型见图5。

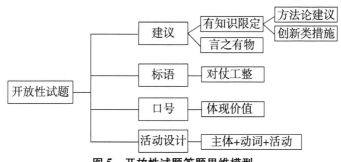

图5 开放性试题答题思维模型

（3）掌握材料信息提取技巧

在主观题材料中提取信息是一个非常重要的环节，如果学生不能够准确找到材料对应的信息，就难以运用已有的知识来分析解决问题。也就是说，学生的知识构建和知识储备只是一个必备的基础，在这个基础上进行材料分析并提取与信息对应的知识点，是非常重要的。

训练的过程中，可以通过知识点材料连连看、材料关键信息提取、材料段落大意分析、材料标点符号分析等方式来帮助学生分析材料。

（4）提高答案书写质量

书写整齐、美观有利于教师找到知识点，并且会让阅卷教师主观感受良好。所以，从高一开始就应该训练学生的书写习惯。基本要求就是日常答题过程中要求学生答案要点序号化、语言简洁化、卷面美观化。

（三）取得过程性研究成果

结合教学实践，该阶段研究成果主要包括过程性材料、方法类总结以及单次考试分析报告，如表1所示。

表1　　　　　　　　　　　过程性研究成果

分类	名称	应用目的
学生活动类	"星星抢夺战"活动策划（成果性）	知识巩固
教师教学类	时政素材分析表格（成果性，师生共用）	时政积累
	主观题分析范例（过程性）	答题优化
	主观题答题纸（成果性）	思维训练 能力演练 答题优化
报告类	2020年贵州省适应性考试开放类试题分析报告（成果性）	试题研究实践小结
	2020年高考哲学主观题评卷总结报告（成果性）	

五、研究总结

学科核心素养的提出，使得教学和考试评价都发生了许多新变化。对于情景化问题的解决，考试评价的要求是解决问题的过程、结果都是评价指标，解决问题的思维品质、体现出的学科核心素养是重要的参考指标。由此可见，不再单纯考查学生的记忆能力，而是对教学和学习提出了更高的要求。

（一）学生知识掌握方面

要提高主观题的答题能力，需要针对知识记忆、理解、运用进行专门、有效的训练。

首先，将课本知识点逻辑化。在一轮复习中，让学生整理好所有课本知识点的关系，建议使用框架图或表格，既要关注一节、一章知识的自身逻辑，也要关注单元、模块的内在逻辑。

其次，将课本知识点精细化。在二轮复习中，让学生把非核心的知识点一一删减，不断精练核心知识和术语，保证答题时的语言精准度。

最后，将课本知识点生活化。有意识地将课本知识与时政素材相结合，在复习中可以穿插时政素材与课本知识的衔接训练，让学生从知识的记忆走向知识点的运用。在日常教学中，可根据时政素材出题。

（二）学生答题能力方面

一方面，可以针对答题过程进行分步骤的讲解与训练。可通过以下几个环节，强化答题要求。

（1）审：审知识范围、主体或主题、逻辑关系、设问方向。

（2）找：找材料信息，找知识点衔接。

（3）写：要注意语言要点化、逻辑化、精准化，书写要整洁。

另一方面，训练答题速度。在有限的时间内，要求学生完成完整的答题过程。例如，限时 7~9 分钟，让学生完成一道主观题。目的是训练学生在紧张状态下调动、运用知识的能力。

（三）学生成长记录方面

一方面，学生做自己的成长记录。通过错题集等形式，记录自己的学习困惑与感悟。

另一方面，教师做学生的成长记录。在教学中收集学生问题卷、优秀卷并分类保存，为学生明确要避免的问题和努力的方向。

（四）创设情境、培养思维方面

新课程改革中，学科逻辑与生活逻辑的结合非常重要。生活中的实际问题是教学情境的起点，也是命题情境的落脚点。学生学科能力的提升，常见的做法就是结合时政专题或者重大时政事件，训练学生对素材的分析理解能力、对知识的调动和运用能力。针对不同学习能力的学生，可以分别采用不同难度的训练方法。训练方法大体可以分为以下几步。

1. 第一步：简单素材+固定知识点连线训练

通过较简单的时政素材与固定知识点的连线训练，提高学生在具体事件分析中联系知识点的能力。对学习能力较弱的学生来说，这种难度的训练有利于培养其学习信心。

2. 第二步：简单素材+发散知识点训练

选择较简单的时政素材，要求学生根据素材回忆相关知识点并运用熟悉的知识点分析时政素材内容。这样的训练难度相对高一些，但是因为没有固定设问，所以对学生回忆知识点的精准性要求并不是很高。

3. 第三步：复杂素材+不同角度设问训练

选择相对复杂的时政素材，教师从不同的哲学知识角度设问，要求学生根据教师设问精准分析素材，解决教师提出的问题。这样的训练可以让学生运用不同的哲学知识充分"解剖"同一时政素材，难度较大，但能够给学习能力较强的学生提出挑战，有利于锻炼学生的知识储备能力和思维能力。

4. 第四步：课外素材补充

可以适当为学生安排难度适宜的学科专业书籍等，让学生在学习课本知识之余见识世界的广博，增长知识，培养兴趣，锻炼思维。

（五）教学展望

高考命题以知识为基础，以社会生活热点为背景，以能力立意，彰显学科核心素养。在今后的教育教学中，可以关注以下几个方面。

（1）巩固基础知识。让学生充分熟悉教材，掌握基础知识，提升关键能力。引导学生从一般学习走向深度学习。

（2）彰显学科核心素养。在教学中以学科素养的培养为目标，结合社会生活素材，充分开展教学。核心素养的养成，不仅是高考要求，更是学习要求，只有将其融入教学活动才有意义。

（3）结合时政教学。结合我国国情对课本知识进行适当拓展，必要时进行专题整合。让政治课教学与现实问题紧密相连，培养学生关注热点、联系实际、解决问题的能力。

政治学科主观题集中考查学生精准运用知识的能力，考查学生的思维品质。它要求学生在知识记忆、知识理解、知识运用、哲学思维品质等方面都有所成长，更要求学生树立正确的价值观，做出正确的价值判断和价值选择。教师要在教学中设计好各个阶段和环节，关注学生在学习、答题、思维品质等方面的问题和进步；要创设生动的教学情境，为学生奠定认识基础，培养思维的起点；要真正将教学构建成可操作、可反馈的动态过程，让学习真正发生，让教学真正有效，让学生真正成长，进而实现立德树人的教育目标。

参考文献

[1] 姚韵．浅谈高中《政治生活》措施类主观题解法 [J]．科学咨询

（教育科研），2020（7）：151.

［2］刘慧青．2013—2019 年全国高考Ⅱ卷文综历史试题中的"唯物史观"研究［D］．呼和浩特：内蒙古师范大学，2020.

［3］郝敏．2015—2019 年全国高考Ⅱ卷文综历史试题中"家国情怀"素养考点探究［D］．呼和浩特：内蒙古师范大学，2020.

［4］徐福亮．明辨题型 综合思考 提升学生解题能力：以 2019 年高考江苏卷政治主观题为例［J］．华夏教师，2020（16）：30-31.

［5］郝杰．高考全国Ⅱ卷文综政治试题分析及教学启示：以 2015—2019 年为例［D］．呼和浩特：内蒙古师范大学，2020.

［6］贺璇璇．2014—2019 年高考全国Ⅰ卷政治试题分析及教学启示［D］．石家庄：河北师范大学，2020.

［7］王晓宇．漫画在高中政治教学中的运用研究［D］．大连：辽宁师范大学，2020.

［8］支正霄．2015—2019 年全国高考Ⅱ卷文综历史试题中的"时空观念"研究［D］．呼和浩特：内蒙古师范大学，2020.

［9］陈进林．谈高考政治主观题复习策略［J］．西藏教育，2020（4）：36-39.

［10］张起磊，吴望民．妙解主观题［J］．思想政治课教学，2020（2）：48-49.

［11］舒家祥．高考政治主观题规范答题能力培养研究［D］．昆明：云南师范大学，2019.

［12］王志杰．高中思想政治措施类主观题失分原因及对策研究［J］．学周刊，2019（32）：24.

［13］韩志领．高考政治学科语言表达能力的考查与培养［J］．思想政治课教学，2019（10）：73-75.

［14］姚岚．高考政治图表类主观题备考研究［J］．思想政治课教学，2019（10）：76-82.

高中数学建模教学案例研究

张　庆　贵州省赤水市第一中学

一、研究缘起

（一）研究背景

随着科学的进步和社会的发展，各领域对数学的要求越来越高。20 世纪中叶以来，数学逐渐从幕后走到台前并渗透于各个学科。数学的应用成为 20 世纪数学发展的主要标志之一。随着 21 世纪的到来，数学和各行各业的关系日益密切，数学的应用迅速进入人们生活的许多领域，因此，世界越来越重视培养学生将数学应用到实际的能力，而数学建模正是培养学生运用数学知识解决实际问题能力的一种新方式。

（二）研究问题

本研究以高中数学人教 A 版必修 5 "购房中的数学"为例进行数学建模课例研究，该课主要讲将数列融入买房的实际问题，其中体现了数学建模的思想。教师在课下开展数学研究性学习活动，以"如何才能泡制一杯口感最佳的茶水"为问题，让学生进行数学建模竞赛。本文的研究问题就是以真实课例为例，从课例中得到启发和反思，找寻一种有效的、可操作的数学建模教学策略。

（三）研究目标

本研究希望通过对数学建模教学案例进行研究与分析，得到在现有高中数学课程基础上，将数学建模渗透到课堂教学中的有效策略，从而在课堂探究、课下活动训练中培养学生的创造性思维，增强学生的学习兴趣，培养学生的创新意识，提升学生发现问题和解决问题的能力，推动学校有关数学建模教学的发展，提高学生的数学建模素养。

（四）研究意义

通过研究真实课例，不断打磨课堂教学，形成数学建模教学的基本模式，为一线教师落实建模教学的课标要求提供借鉴。同时，活动的开展，不仅可以使学校、教师、学生重新关注并重视数学建模，也可以培养学生的数学应用意识和创新能力。

二、文献综述

（一）研究现状

早在20世纪50年代末，就有教育家通过中学数学讲座与数学竞赛的形式有意识地向学生介绍、普及解决实际问题的建模思想。20世纪80年代，徐利治提出了建立数学模型的方法：数学建模方法大体上可分为两大类，一类是机理分析法，另一类是测试分析法。随后，数学建模这门课程被引入我国一些高等院校，90年代初，国内一些大学生组队参加美国大学生数学建模竞赛，后来，国内也开始举办全国大学生数学建模竞赛。数学建模慢慢发展起来，这使我国越来越多的数学教育者开始研究数学建模教学。2003年，我国教育部正式颁布《普通高中数学课程标准（实验）》，数学建模作为正式的教学内容纳入其中，该标准明确指出高中阶段至少应为学生安排一次数学建模活动，这标志着数学建模正式进入我国高中数学教学。

在这种形势下，我国出版了很多关于中学数学建模的图书、论文等，如《中学数学建模教与学》，该书对数学建模做了系统的归纳整理与总结，通过剖析生产、生活中的实际问题，建立了贴近生活、接近学生经验、与高中数学知识紧密联系的数学模型，如函数、不等式、数列等模型。以这些模型为参考，本研究选择了"购房中的数学"和"如何才能泡制一杯口感最佳的茶水"作为案例，用到了数列和函数模型。《建模思想在中学数学教学中的重要应用》则着重探讨了建模思想在中学数学教学中发挥的重要作用，文章指出，学生觉得数学应用题很难，审题很难，主要原因是学生的数学应用意识很弱，无法将生活中的例子转化为数学模型，即学生缺乏建模思想，文章用实例展示了从审题、建模、求解、检验及评价的建模操作过程，给本研究以很好的启示，得以让本研究进一步探究高中数学建模与数学应用题的联系和区别。

《新课程背景下中学数学建模教学的几点思考》系统研究了高中数学建模教学，其中提到中学数学建模能力的形成主要是基础知识、基本技能、基本数学方法训练的一种综合效果，中学阶段主要是为建模能力的培养打基础，也可以适当地对一些实际问题进行建模活动。该文章在理论研究的基础上提出，中学数学建模教学要突出学生的主体地位，要重视分析数学建模的思维过程，要全方位渗透数学思想。该研究对本课例研究提供了诸多的理论支撑。

《关于高中数学模型化教学方法的探析》提出，对大部分高中生而言，数学是一门难学的学科，其关键就在于学生没有对所学知识进行系统化处理，没有形成具有高度概括性的数学思维，没有将众多普遍性的问题转化为特殊性问题，没有达到举一反三的学习效果。高中数学教师为了减轻学生的学习负担，增加学生学习的信心，可以从建模的角度着手，让学生在既定的模式下，迅速地归纳各类数学知识并对这些知识进行分类处理，把对应的处理策略与数学规律结合起来，这样，当学生面对数学问题时，就可以认清问题所在并迅速而准确地找到解决方法了。这篇文章给人很大的触动，让人不断反思做研究的意义。建模是为了把实际问题抽象为数学问题，然而，不能局限性地认为数学建模来源于实际问题，其实，数学建模也可以是人们在学习数学时对事物进行的高度概括，是由抽象的结果反映事物的本质联系。

《基于新课标下中学数学建模能力培养的研究》指出，高中数学建模应以学生为中心，创设好数学情景，注重学生交流，鼓励学生大胆猜想，注重发展学生的非智力因素，重视数学思想渗透等。由该论文我们能够更清楚地认识到，在培养学生数学建模能力时，教师和学生的主体地位应该予以明确。

（二）核心概念界定

1. 数学建模的相关概念

本研究界定的数学模型，是用数学的语言和方法对各种实际对象进行抽象或模仿进而形成的一种数学结构。数学建模则是获得数学模型，对其求解，得到结论并验证结论是否正确的全过程，也是一种数学思维方法接受实践检验的过程。

2. 数学建模教学

数学建模教学是指教师立足于数学核心素养，通过一定的教学方法，在教学中渗透数学建模思想，使学生能用数学的眼光看生活、用数学的语言表达生活、用数学的思维描述生活的一种教学方式。或者说，是利用特定的生活情境，抽象出数学模型并提出数学问题，用所学的数学知识解决问题，并将结果运用到生活中去，从而培养学生创造性思维能力的教学手段。

（三）理论基础

《普通高中数学课程标准（实验）》提到，数学建模是运用数学思想、方法和知识解决实际问题的过程。高中数学建模的宗旨就是解决实际问题，其建模过程是实际情境→提出问题→数学模型→数学结果→检验→可用结果。对于这个过程，首先，要分析问题的背景，明确问题的目的，在合理的假设下将它抽象为一个数学问题；其次，利用相关的数学知识和方法对其进行求解；最后，将求得的解放到实际问题中去检验，看结果与实际问题是否吻合，如果不吻合，再对所建模型进行修改和求解。

三、研究设计

（一）研究对象

贵州省赤水市第一中学学生。

（二）研究内容

选用高中数学人教 A 版必修 5 "购房中的数学"为例进行课例研究，重点关注以下几个问题：①高中数学建模教学现状；②高中数学建模与数学应用题的区别；③高中数学建模教学过程中应注意的问题。

开展数学建模竞赛活动，主题为最优化解决问题，重点关注以下几个问题：①高中数学建模竞赛现状；②数学建模竞赛活动开展的基本形式；③竞赛成果评价；④数学建模竞赛存在的突出问题。

（三）研究方法

1. 文献研究法

教师通过翻阅大量的文献资料，研究了很多关于中学数学建模的模型和案例，希望从中找到研究方向和思路，从而带动学校数学建模教学的发展。

2. 案例分析法

本研究选择"购房中的数学"这一课例，立足于如何进行数学建模教学这一问题，从教学的最初设计、课堂组织、经验总结，到对学生学习效果的数据分析，以及教学设计修改、二次课堂等，比较不同的教学方式，形成理论成果。系统地收集数据和资料并进行深入分析和研究，以解决如何进行数学建模教学的问题。

3. 经验总结法

经验总结是最基本的研究方法，也是必不可少的方法。整个研究过程能够顺利推进，离不开经验总结法。

4. 比较研究法

在"购房中的数学"这堂课中，教师进行了两次授课并将第一次和第二次授课进行了比较，以学生为出发点，总结学生在不同的教学中能够获取怎样的数学能力，通过不断的尝试和对比，将结论与实践相结合，从而得到了更贴合于实际的教学行为。

5. 行动研究法

组织开展数学建模竞赛活动，利用行动研究法跟踪记录并进行系统评价，得到成果。

（四）研究步骤

（1）阅读大量的参考文献并进行文献综述，为下一步的研究思路奠定基础，分析部分数学教育者的研究理论，根据实际情况，初步确定本课题的研究思路。

（2）组建研究团队，召集学校的部分数学教师，确定各自分工，进行课题设计。

（3）选用"购房中的数学"这一课例，进一步认识数列和现实生活的密切联系。对于该课例，教师做了两次尝试，首先进行了第一次课堂设计并尝试上了第一次课。

（4）研究团队对第一次授课进行经验总结，利用学生问卷调查对教学结果进行分析，总结得失原因，探讨下一步计划。

（5）第二次授课。本次授课效果好了很多，学生的主体地位得到提高，更为下一阶段数学建模竞赛奠定了基础。

（6）从课例中寻找存在的问题，对成功的经验进行总结，得到有益的结论。

（7）组织开展数学建模竞赛活动，利用行动研究法跟踪记录，进行系统评价，得到成果。

（8）总结课题，收集相关成果。

四、研究发现

（一）"购房中的数学"课例的研究发现

1. 高中数学建模教学现状

（1）学校与教师重视度不够

在研究之前，为了掌握学校教师对数学建模的认识，我们利用问卷调查的形式对学校 25 名数学教师进行了调查。

通过分析统计数据，可以知道，大部分教师受到传统教育和应试教育的影响，会过多地关注学生的应试能力，将教学的重心放到学生的解题上，80% 的教师认为数学建模是无用的，是浪费时间的。这样会导致学生得不到综合素质的培养，会打击学生的学习积极性，无法让学生领会数学的实用性，学生将数学应用到实际的能力几乎得不到提升，对学生今后的发展起到阻碍作用，使学生成为考试工具。目前大部分学校的数学建模教学依然停留在初期阶段。数学建模教学对教师的要求也比较高，教师需要进行专门的培训或更多的研究学习，这无形中增加了教师的负担，使大部分教师望而却步。

（2）家长和学生意识的缺乏

从学生的角度看，每天面临着教师布置的大量作业，学业负担很重，而且为了能考上一个理想的大学，根本无法抽出时间来进行数学建模训练，这使学生教学建模意识相当薄弱。从家长的角度看，为了使学生考上好大学，为了给学生一个更好的学习环境，很少有家长给学生普及生活常识，以免他们分心，这对学生创造性思维的发展造成一定影响。

教师在课后对学生进行了问卷调查。问卷调查共统计了赤水市第一中学高二（2）、（3）班的学生 104 人，收集有效问卷 104 份。

由学生问卷调查数据分析可知：由于人们生活水平的提高，多数家庭有买房经历，但是高中生对买房相关问题却不怎么了解，对买房流程或者是银行贷款的事情更是一无所知。这对本节课的教学造成了影响，为了让学生感知到数学的实用性，教师布置了以下课外查阅任务：①什么是二手房？什么是商品房？②目前购房贷款类型有什么？③目前银行规定的还款方式有几种？④家庭经济收入分配标准是什么？

2. 高中数学建模与数学应用题的区别

高中数学建模和大学数学建模存在着层次上的差异，二者各有其特殊性。高中数学建模与数学应用题是密不可分的，有人说，高中数学应用题的本质就是数学建模，但数学建模并非只来源于高中数学应用题，二者存在一定的差别。

数学应用题是从学生所熟悉的生活、生产中实际问题出发，引导学生用所学的数学知识解决实际问题，数学应用题与数学建模都是为了培养学生的应用意识，从步骤上来说二者有很多相似之处，但在本质上二者存在差异。

（1）数学应用题是命题专家根据知识的考查内容精心提炼出来的，问题比较明确，条件充分，而数学建模条件是不充分的，需要学生自己收集。

（2）两者最大的不同就是信息量的处理。在数学建模中，信息量很大，影因素非常多，这就需要进行一些假设，抓住问题的本质，忽略次要因素，使问题趋于简便；应用题的条件则是明确的、充分的，在信息处理上非常简单。

（3）数学应用题要给出具体答案，数学建模则要求写报告文章，答案往往也是开放的。

（4）数学建模比数学应用题更复杂。

在高中开展数学建模教学，就是要将数学应用题与数学建模活动相结合，学生先通过数学应用题形成数学思想意识，再根据数学建模活动进行思维的提升。

3. 高中数学建模教学过程中应注意的问题

（1）数学建模的理论学习必不可少。数学建模对于学生而言是比较陌生的，对于教师而言也是一种新的尝试。受传统教育的影响，绝大多数学生不关注教材里的探究活动，而是每天花大量的时间用于解题，所以，要进行数学建模教学，首先要让学生学习数学建模的理论知识，只有让学生明白数学建模的含义，后面活动的开展才能顺利。

（2）数学建模教学要以学生为主体。数学建模的真正目的是培养学生的数学素养，增强学生的应用意识，让学生形成数学源于生活又回归生活的体会，教学生用数学的眼光看世界、用数学的语言表达世界、用数学的思维思考世界。

（3）数学建模教学要发挥学生的能动性。在教学中，学生是主体，要让学生发挥自己所长。可以让学生进行分组合作、课下探究，使每个学生都认识到自己的优势，利用团队意识，打造出更好的成果。

（4）数学建模中存在的困难。选题是难点（选择能用高中知识解决的有实际应用价值的课题更难），收集与分析数据难度大，学生的抽象意识还不够，每一个生活中的实际问题都要抽象成一个数学模型，对于高中生而言，是一个很大的难点。

（二）开展数学建模竞赛活动的研究发现

1. 高中数学建模竞赛的现状

中学阶段的数学建模竞赛很少，有部分地区组织过"高中数学知识应用竞赛""中学生数理化能力学科竞赛"等，但大多数地区很少甚至从未开展此类活动。

2. 数学建模竞赛活动开展的形式

学校主要采用了研究性学习的组织形式来开展数学建模竞赛活动，具体来说分为3个阶段。

第一阶段，进行宣传及培训讲座，共分为4个课时。第1课时内容为数学建模宣传，重点讲解数学建模的重要性，强调数学建模对数学思维能力的提升作用，让学生引起高度重视，并对本次数学建模竞赛活动作整体的规划及要求，鼓励学生积极参与。第 2 课时内容为数学建模理论知识培训，让学生明白什么是数学建模，数学建模的一般步骤是什么，理论依据是什么。第 3 课时通过具体的实际应用问题，由浅入深地进行实例讲解，以实际应用题为例，让学生感知如何利用数学知识解决实际问题，尝试培养学生用数学的眼光从数学的角度去观察事物、表述现象、分析具体问题的能力。第 4 课时立足于一个实际的开放性问题，教学生如何进行数学建模，以实际问题为例展示数学建模的过程，并教会学生编写研究报告。

第二阶段，进行正式的建模竞赛，学生以 3 人为组报名参赛，要求 7 天内上交一篇研究报告，期间可自由查阅资料，各参赛小组不可交流，学生可以寻找指导教师。在此期间，记录学生的活动。从活动中可以发现，大部分学生通过分析问题，上网查阅资料，可以筛选出主要信息，确定口感最佳的茶和哪些变量存在关系，进而提出研究问题，上网收集数据，利用计算机分析数据，建立恰当的函数模型，通过拟合得到函数解析式，用函数的知识解决问题，最后撰写报告。小部分学生无法找到突破思路，但是，协作能力、实践能力也得到了体现，得到了思维的锻炼。

第三阶段，活动结束，进行最后阶段的成果展示及奖励，对学生的研究报告进行评价。

3. 数学建模竞赛选题的重要性

选题是高中数学建模竞赛的难点。选题要源自生活，能够回归生活，要立足数学核心素养，且要具有时代信息，具有真实性、科学性、趣味性、探索性、创新性和实践性。教师可以对教材中的数学模型进行整理，如函数模型、不等式模型、数列模型、几何模型、三角模型、方程模型等。在设置例题时，教师要考虑培养学生的创新意识和创造能力。

五、研究结论与启示

（一）研究结论

1. 数学建模课堂教学策略

（1）以数学建模案例为切入点进行整体课堂教学。教师要对教材内容进行深入挖掘，总结数学建模相关板块。特别是教材中的研究性学习和探究性活动，要选择贴近学生生活经验、难度适宜的题材，利用学生的主体地位进行探究式学习。教师利用 1 课时或多课时，以数学建模过程"实际情境—提出问题—数学模型—数学结果—检验—可用结果"为课堂设计思路，对学生进行数学建模教学，必要时可安排学生学习数学建模理论。

（2）以数学建模的思想进行局部课堂教学。在一般的数学课堂中，教师可以多方位渗透数学建模思想，进行局部切入式的数学建模教学，如对数学情境问题的选择和研究，等等。

2. 数学建模活动组织策略

（1）进行校级数学建模知识讲座。利用专题式讲座吸引更多的学生关注数学建模，学习数学建模相关理论知识，让学生感知数学与生活的联系，让学生在学习数学时和其他学科进行更多的交融，同时，将学生的学习积极性调动起来，让更多的学生喜欢数学、理解数学。在学校内可开设关于数学建模的社团，选择优秀的学生组成团队，在学校范围内推广数学建模。

（2）开展"中学生数学建模"比赛。在高中开展数学建模竞赛活动，精心选择一个课题，利用开放式的问题，以学生提交的小论文作为评比内容，策划竞赛活动。为了更好地培养学生相互之间的协作能力，可以让学生以3人为一组，一周为期限，利用计算机网络手段收集资料，分析问题，建立模型。

（3）举行数学知识应用竞赛。与中学生数学建模不同的是，数学知识应用竞赛更注重学生的数学应用意识，关注的是利用数学建模的思想进行解题。这种比赛，选题是关键，难易必须适中，要让学生能够运用所学知识进行解题。

（二）研究启示

1. 激发学生的学习兴趣，提高学生的学习积极性

研究可知，部分学校、教师及家长对数学建模的关注度不够，教师不重视、不组织，学生没有平台，导致对数学建模没有兴趣，因而积极性无法调动起来。数学建模的问题本身源自生活，学生在接受数学建模思维的同时，会感受到数学的实用性，用数学知识解决生活中的实际问题，会让学生感受到存在感和价值感，同时，通过数学建模活动，可以建立学生之间的相互信任感，营造一种宽松的学习氛围。在高中数学课堂上渗透数学建模思想，开展数学建模课程，组织数学建模活动，能够有效激发学生的学习兴趣，提高学生的学习积极性。

2. 提高教师的专业素养，加强理论学习

研究发现，在高中开展数学建模教学活动，难点在教师的专业水平方面。从教师自身的教学能力，到教师对数学建模专业的认识，再到课堂的组织和选题，都需要教师有很强的专业素养。因此，在努力培养学生核心素养的同时，教师自身也要更强，教师应该比学生更加会用数学的眼光和思维去思考问题。因此，教师更应该与时俱进，不断学习，不断提升，无止境地进行教学研究。

3. 立足于学校的发展，推广数学建模

本研究的主要意义是将数学建模教学推广出去。数学建模的推广是困难的，但也是必要的。当今社会越来越关注数学应用的发展，无论是课标的要求、核心素养的要求还是高考评价体系的要求，都是学生发展的需求。对于数学建模，如果学校重视度不够，教师意识不到位，学生也不在乎，那其注定是失败的，只有大家思想统一，才能更好地感受数学建模的重要性，才能将数学建模推广出去。

4. 立足于核心素养，以学生为主体

由本研究可以发现，不管是课例的组织还是活动的开展，基于核心素养的视角，数学建模教学一定要立足于学生发展，课堂中要以学生为主体，教师要设置不同的教学活动，让学生独立思考，学会提出问题，做出假设；要通过引导，使学生找到解决问题的方法，培养学生的创新思维和发散思维，提高学生的创造性能力。

（三）研究不足与未来研究方向

本课题的研究存在着局限性，由于时间、条件的限制，不能对数学建模活动中学生的思维变化进行跟踪分析，对学生数学建模学习效果没有更好的评价。下一步，将把研究重心放在数学建模评价体系上，建立更加详细的评价标准。

参考文献

［1］罗晖．建模思想在中学数学教学中的重要应用［J］．科技文汇，2009（24）：140.

［2］宋玲玲．关于高中数学模型化教学方法的探析［J］．数学学习与研究，2011（3）：19.

［3］梁世日．新课程背景下中学数学建模教学的几点思考［J］．考试周刊，2007（31）：39-40.

［4］李彦．基于新课标下中学数学建模能力培养的研究［D］．沈阳：沈阳师范大学，2007.

［5］吴岚．基于网络环境 探究生活中的数学：《购房中的数学问题》教学设计及反思［J］．中国电化教育，2006（3）：69-71.

［6］朱培．中美高中数学建模竞赛比较研究［D］．上海：上海师范大

学，2005.

　　［7］洪双义．开展中学数学建模活动的实践探索［J］．天津市教科院学报，2003（3）：62-64.

　　［8］蒋敏，周爱娟．在中学开展数学建模选修课的实践与思考［J］．基础教育论坛，2013（25）：29-30.

　　［9］卜月华．中学数学建模教与学［M］．南京：东南大学出版社，2002.

　　［10］叶其孝．中学数学建模［M］．长沙：湖南教育出版社，1998.

　　［11］张奠宙，戴再平．中学数学问题集［M］．上海：华东师范大学出版社，1996.

　　［12］李伯德．数学建模方法［M］．兰州：甘肃教育出版社，2006.

　　［13］冯天祥．新课程标准下中学数学研究［M］．成都：西南交通大学出版社，2008.

第二部分
论文/案例

部编版六年级语文上册第五单元
"围绕中心意思写"习作教学案例

蒋燕琳　贵州省遵义市播州区第一小学

部编版六年级语文上册第五单元，由导语、精读课文、交流平台、初试身手、习作例文和习作6部分组成，习作要求是"围绕中心意思写"。在此单元之前，"围绕中心意思写"在教材中已有铺垫，学生习作已有一定的基础。

本单元导语以梁朝萧统的名言"以立意为宗，不以能文为本"为总领，读写任务围绕"立意"进行，强调了立意的重要性。两个语文要素分别是：阅读文章时，体会文章是怎样围绕中心意思来写的；习作时，从不同方面或选取不同事例，表达中心意思。读写的联结点是怎样围绕中心意思写。"两读"分别是精读课文《夏天里的成长》和《盼》；"两写"分别是"习作例文：爸爸的计划"和"习作：围绕中心意思写"。

本单元两篇精读课文的学习目标是体会作者表达上的特点。《夏天里的成长》重在了解作者是怎样围绕中心意思从不同方面来写的；《盼》重在了解作者是怎样围绕中心，选择不同事例，并将重要内容写详细、写具体的。"习作例文"直接指向习作表达，供学生习作时借鉴、模仿。"初试身手"紧扣习作要素，为学生完成单元习作任务提供"支架"。

"围绕中心意思写"是本次习作的关键，查阅学生习作初稿能够发现，重要的事例写不具体是学生习作中普遍存在的问题，所以，应将其确定为本次习作的重难点。根据习作单元的编排特点，聚焦习作要素，围绕总的习作任务，具体的教学目标和内容主要有以下3个方面：激发表达需要、明晰阅读指向、运用习作工具。结合小学高段习作教学培养学生真情实感表达的策略研究这一课题，开展"围绕中心意思写"这一习作教学实践。

一、作文教学实践的收获

（一）创设习作情境，解决习作"问题"

在前两次实践中，学生学习氛围不浓，思维碰撞不够，自主探究不足。

教师重新定位课堂，聚焦学生疑难点。从《夏天里的成长》中获得习作方法，学习作者从熟悉的动植物写到山河大地，最后归结到人物成长的写法，读懂作者从不同方面选择材料围绕中心意思写，体会作者由物及人的行文思路，为后续的习作课做好准备。习作课不是简单地列提纲，而是要先创设任务情境，激发学生为实现与人交流而写的表达欲望，这样写出的习作才能充满真情实感，才能打动人心。

1. 作前创设任务情境，激发习作需要

习作学习任务情境的主要构成要素包括话题、读者、目的、角色。教学中，教师首先要把习作任务转化为真实的或模拟的情境任务，要对教材中的写作要求进行改编，以激发学生的习作内驱力。例如，创设"征稿启事"情境。

征稿启事

亲爱的同学们：

聆听动人的旋律，品味精美的文章。学校红领巾广播站为我们搭建了用汉字传递心声、用经历分享感受的平台。让我们拿起笔，选择一个汉字，传递一种声音，或喜或悲；诉说一段经历，分享一次感受，或乐或悔。与全校同学一起分享你的感受吧！

播州区第一小学红领巾广播站

通过广播站征稿，激发学生的习作驱动力，跳出以往"教师给题目，学生写作文，教师评分，班级讲评"的老套路，让学生感受到习作是有目的、有读者、被人欣赏的，做到情境为写作服务。

2. 作中围绕任务情境，选择习作内容和方式

作中任务情境，对习作内容和方式的选择有引领作用，比如，选择感受最深的汉字，人们会有很多感受，那么，什么是"最"？最是能打动人，最是能引起别人共鸣，最是独特的。再如，选中了一种感受，哪些事例最能全面表现这种感受，需要围绕任务情境作出选择。还比如，不同的方面或者不同的事例，如何安排详略，需要围绕任务情境作出选择。

3. 作后文章发表，实现任务情境

习作发表既是对习作目标达成的检测，也是对情境任务完成的检验，有利于激发学生的习作动力，使他们的写作素养得以提升，最终表达和交流能力得到提高。所以，教师一定要积极创设广泛的发表平台，如学习园地、班级群、学校橱窗、红领巾广播站、学校公众号、朋友圈等。

（二）课堂习作指导，提升思维能力

语言文字运用能力的提升需要思维能力作支撑。本单元学生习作思维的发展表现在 3 个方面。一是梳理单元习作要求，明确写什么、怎么写（围绕中心意思，从不同的方面或选取不同事例，重要部分写具体）、为什么写（向红领巾广播站投稿，与大家分享交流）。二是研读"习作例文：爸爸的计划"，发现写作策略：略写可以是一般性罗列或用一句话概括，从不同方面选取不同事例；详写要从神态、语言、心理等方面入手，把重要部分写具体，为学生写作提供策略支撑。怎样在众多事例中挑选出重要内容写详细、写具体，这是习作中的难题。为了解决这个难题，学习例文时，教师要先让学生明确作者为什么把暑假计划写得最详细、具体，接着再学习作者详写重要事例、略写其他事例，以及抓住人物语言、动作、神态等描写的方法，以此提升学生的写作技巧。三是搭建习作桥梁，将初试身手与习作关联起来，训练学生概括中心、合理选材的思维能力。

（三）利用同伴习作，针对"问题"进行教学

同伴教育理论告诉我们，同龄人的相互影响大于任何一种说教，最高级的教法是学生教学生。用同伴习作来解决学生习作中的问题，通过查看学生习作草稿，找出存在的问题，聚焦难点，对症下药，可以让学生做到详略得当、围绕中心意思写。

（四）优化习作评改，解决习作问题

方法只有让学生学得来、用得上才能发挥实际作用。积极运用评价标准，有利于促进学生习作能力的提升。评价标准中首要的是围绕中心意思安排材料，次要的是详写部分具体生动，略写部分简略、概括。学生展示交流时，教师要鼓励学生积极发言，充分发表个人意见，教师要敏锐地捕捉学生习作中的问题点并进行二次指导，以进一步提高学生习作能力。

习作评改的一般步骤如下。

1. 示范评改

习作指导课上教师要做好示范评改工作，选择典型的学生习作进行示范评改，着力实现以下两个方面的目标：一是学生从教师的评改中明确本次习作的要求和方向；二是学生从教师的评改中学习评改的方法，学会使用规范的批改符号。以下是常见的两种示范评改方法。

（1）佳作欣赏，习得方法。朗读优秀习作，进行师生评价、生生评价，

说清楚批改的内容以及为什么这样批改，让全班学生从中学到评改的方法和要求，学习同伴的成功之处。

（2）病文修改，解决问题。出示学生的习作病文，从教师的讲评中学习评改方法，学会使用规范的批改符号。

2. 自主修改

习作指导课应安排学生自改习作，让学生在评改实践中提高习作水平和修改文章的能力。

3. 互评互改

全班一起试着用修改符号进行互评互改，既可以是同桌之间，也可以是小组之间，等等。

4. 交换评价

组织学生认真阅读别人评改的内容，并对别人的评改内容发表自己的意见，最后由教师根据学生写作和自改情况评定等级。

5. 二次习作

学生根据教师和同学的评改情况进行二次习作，优秀习作可以读给全班同学听，也可以张贴在班级的习作园地，供同学们阅读交流，还可以把学生的习作编辑成册，在班里传阅。此外，还可以向更广泛的平台寻求发表，比如学校橱窗、红领巾广播站、学校公众号、朋友圈等。

运用评改的方法解决习作中的问题，具有较强的针对性和实效性，能有效地提高学生的表达能力，提高习作教学效率。

二、"精导互评"习作课

教师小组通过学习、教学实践，尝试运用"精导互评"的方式来解决习作中的问题，提高习作教学效率。

"精导互评"习作课是以学情探测为前提，以学生习作草稿为基础，以解决学生习作问题为目的，把指导和讲评合二为一，力求在有限的时间内实现习作教学效益最大化的一种课程。

三、"精导互评"习作课的特点

（一）问题性

"精导互评"习作课以解决学生习作中的问题为目的，问题来源于学生习作，整个教学过程是一个发现问题、研究问题和解决问题的过程。例如，"围绕中心意思写"习作课，分析学生习作草稿，知道此次习作学生最大的问题是不会围绕一个汉字的中心意思从不同的方面或选择不同的事例来写，那与该主题相关的"精导互评"习作课的主要教学过程就是师生一起来研究、解决这个问题。

（二）针对性

在母语背景下，学生的任何一次习作都不是零基础的。"精导互评"习作课针对学生习作中出现的问题，运用习作策略及时对症下药，指向性较明确，针对性较强。

（三）微型化

"精导互评"习作课不追求系统化，而是根据习作的需求，每次教学中解决习作中的一两个突出问题，目的是解决当下学生习作中的困难。

（四）情境化

建构主义理论认为，学习者的"知"和"行"是不可分割的，知识必须浸润在真实的情境之中。教学活动只有在具体情境中展开，才有利于学生内化知识、形成素养。"精导互评"习作课将教给学生知识置于一个真实的情境（赏析学生习作，帮助学生找出问题，在习作例文及同伴优秀片段中找到方法）中，有效解决了学生习作中存在的问题，提高了学生的习作能力。

（五）及时性

"精导互评"习作课，在学生打完草稿后就开始，具体来说，要在课堂上"三评两改"。"三评"：一是示范讲评，通过佳作欣赏及病文修改，从学生习作中习得优秀的方法、解决作文中的问题；二是组内互评，运用修改符号，对照评价标准，进行评价；三是交换评价，认真阅读别人评改的内容，并对别人的评价内容发表自己的意见，最后由教师根据学生写作和自改情况评定等级。"两改"：一是自主修改，独立运用修改符号，对照评价标准修改习作；二是二次修改，学生根据教师和同学的评改情况进行二次修改。

四、"精导互评"习作课在习作单元中的实施

如何在习作单元中实施"精导互评"习作课？

（一）关注习作学情，前置单元习作

关注学情，以学定教，是提高习作教学效率的有效方法。

　　习作单元的编排虽然具有科学性、阶段性和持续性，但面对学习能力参差不齐的学生，教师仍需要根据学情创造性地使用教材。微型化写作教学理论认为，对于母语学习者而言，绝大多数学生的写作困难通常只是局部的障碍。因此，写作教学的基本目标是完善学生的知识结构而不是为学生重置一套知识结构。习作单元中集中学习的某一方面的表达方法，于学生而言不一定是空白，为了让习作教学更具有针对性和实效性，前置单元习作，预习打草稿是一种好办法。

　　在"围绕中心意思写"习作单元教学中，学习完精读课文《夏天里的成长》《盼》后，给学生布置预习作业；阅读单元后面的习作提示，根据要求自己写一篇作文。接着批阅学生习作，依据学情确定后面教材内容的轻重，让教与学、授与需紧密结合起来，让教学更具有针对性和实效性。

　　为验证前置习作的效果，教师小组选择了6个班级进行对比教学。（1）、（2）、（3）班，采用的是按照习作单元编排顺序按部就班上课的方式，上完本单元内容包括习作指导课后让学生习作。（4）、（5）、（6）班，在教完精读课文《夏天里的成长》《盼》后让学生自己预习本单元的习作提示，然后打草稿。

　　6个班的习作情况见表1。

表1　　　　　　　　　　　　6个班的习作情况

班级 / 内容		能从不同方面或选择不同事例写（人）	比例（%）	只从一个方面写或按事情的发展顺序写（人）	比例（%）	语句枯燥、无真情实感（人）	比例（%）
不前置习作	六（1）	22	42.3	14	26.9	16	30.8
	六（2）	26	50	12	23.1	14	26.9
	六（3）	28	51.9	11	20.4	15	27.8
前置习作	六（4）	26	50	20	38.5	6	11.5
	六（5）	24	44.4	25	46.3	5	9.3
	六（6）	19	35.8	28	52.8	6	11.3

　　如果忽略教师的指导能力差异，从上表可以看出，同一小组教师执教不同班级，教完整个单元内容写作文和教完精读课文写作文，对学生按要求完成最后单元习作的效果影响不大。由此可见，对于高年级学生来说，指导后

习作和不指导就习作差别不大。相反，教完整个单元后，学生习作语句枯燥、无真情实感率比只教了精读课文后高出了十几个百分点。从学生选材面来看，前置单元习作，学生不容易受教师思维局限，选材面更广。

（二）关注习作学情，习得习作策略

在习作教学中，凡是说到描写人物，教师总要讲"抓住人物的语言、动作、神态和心理活动来写"；讲到写事情，总要说"要写清楚事情的起因、经过和结果"；写景物，总要说"要抓住景物的特点，按顺序写"。问题是语言怎样写？动作怎样写？心理活动具体写什么？这些都是学生迫切需要知道的，因此，为提高习作单元的习作课堂教学效率，有必要教给学生一些可行的习作知识，让学生看得见、摸得着、学得来、用得上。

"围绕中心意思写"习作提示了注意围绕中心意思，从不同的方面或是选择不同的事例来写，这对学生来说是相对模糊的内容。

教材给出了 12 个汉字：甜、乐、泪、暖、悔、望、迷、妙、变、忙、寻、让。单元备课时，教师以这 12 个汉字分别为题进行了写作构思，发现这些字蕴含着丰富的文化内涵，以学生的阅历，写丰富、写生动有一定的难度。因此，可以把习作的目标确定为学习围绕中心意思，从不同方面或选取不同事例来写；以习作例文及同伴优秀习作为支架，围绕一个意思，从不同的方面进行选材或选择不同的事例；围绕中心意思，修改习作选材，进而完成习作。

教学时，回忆《夏天里的成长》，研读习作例文《爸爸的计划》，交流自己的收获，习得习作策略。

策略一：围绕中心意思，从不同方面进行描写。

策略二：有详有略，选择不同事例进行描写。

策略三：重点事例，抓细节描写，表达真情实感。

策略四：借助"初试身手"，进行片段练习。

教学中，以精读课文及教材中的习作例文为支架，学习作者从不同方面、选取不同的事例，有详有略，关注细节描写的习作策略，以及结合"初试身手"，用 1 个字概括中心意思，进行片段练习的策略。这样的设计，让习作教学与精读课文、习作例文、初试身手关联起来，既是一种思维的训练，又拓展了学生选材的思路，同时让学生构建了习作的框架。

（三）利用同伴习作，解决习作问题

同伴的优秀习作不但能让学生"感受"到共同的气息，而且在表达水平上稍微高于当下习作者，让学生觉得可学可攀。在"围绕中心意思写"的习作教学中，教师应充分利用同伴习作，让学生阅读、欣赏，找到同伴习作中好的表达方法，并将之迁移运用到自己的习作中，解决自己习作中存在的问题，达到取长补短、智慧共享的目的。

（四）关注习作学情，引导学生修改

"好文章是改出来的"已成为教师的共识。"精导互评"非常重视学生修改能力的培养，提倡改有依据、有目标、有方法，以实现"教、学、改、评"的一致性。修改方式多样化，有示范评讲、自主修改、互评互改、全班交流，具体选用哪一种，要视具体情况而定。

总之，本次习作单元紧盯"围绕中心意思写"这一写作任务，指导学生展开读写训练。教学中，教师指导学生在真实或拟真的任务情境的驱动下，在各种切实有效的"支架"帮助下，在多种写作实践交流活动中，帮助学生完成了习作任务，学生不管是立意、选材、技巧、修改还是字里行间真情实感的表达及交流能力，都获得了很大的提高。

高中物理课堂教学有效提问的策略

在高中物理课堂中，教师的有效提问不仅在于"问"，更重要的是要采用合适的策略进行提问。物理教师在教学过程中若能根据学生的实际情况采用相应的策略进行有效提问，往往能够点燃学生思维的火花，启发学生积极、主动地展开思维活动，进而使物理课堂动态生成新的问题。只有这样，才能充分发挥有效提问的真正功效，从而有效提高课堂教学质量。

一、有效提问存在的问题

为了找到教师在高中物理课堂教学中有效提问的策略，本研究设计了包含教师对课堂提问的态度、课前准备充分与否、问题的类型是否围绕教学目标设计、问题难度、学生的反应情况及教师反馈情况等在内的调查问卷。通过对 21 位高中物理教师和 300 名学生进行问卷调查，统计分析得出学校高中物理课堂提问有效性的现状，找出值得肯定与需要改进之处。实际教学中，学校高中物理课堂提问方面存在以下突出问题。

（1）提问数量两极分化。根据反馈，有一部分教师课堂提问数量过少。进一步访谈了解到，因为课时限制，现有的教学时间无法满足教学任务需要，所以教师只能抓紧时间将主要内容全部教授给学生。还有一部分教师课堂提问数量太多，整堂课教学形式单一，教学效果也不理想。

（2）提问缺乏有效性。提问非但达不到预期目标，反而冲淡了教学的重点、难点，让学生产生了畏惧情绪，削弱了学生学习物理的兴趣。

（3）重提问轻反馈。这样反而打消了学生自主思考问题的积极性，学习效率也会随之下降。

（4）留给学生思考的时间较少。调查发现，很多物理课，教师为了赶进度，虽然提出了一些有创意的问题，但是留给学生思考的时间太少且缺乏必要的引导，没有提供更大的空间让学生展示，无法使学生在研究问题的过程中生成其他问题。

二、有效提问的实施策略

有效提问是引发学生心理活动，促进学生思维能力发展的一种方法和手段，是成功教学的基础。有效提问是课堂教学过程中教师与学生之间相互交流的桥梁，能够将教师的意图传递给学生，以及将学生的学习情况反馈给教师。有效提问即为理解而提问，让学生开动脑筋。针对物理教师，有如下具有可操作性及实践意义的有效提问实施策略。

（一）精心设计提问

有效提问需要做好充分的准备。具体来说，有效提问要选择设问点，需要根据课堂教学内容，分析重点与关键的知识点；有效提问需要安排提问时机，在进行教学设计时，需要掌握教材内容之间的联系等；有效提问需要设计提问方式，要根据学生的学习能力和知识点的难易程度，选择合适的提问方式；有效提问需要预设提问对象，使物理知识从抽象到具体、从感性到理性地表现出来，让学生由浅到深、循序渐进地理解与掌握教学内容。

（二）创设问题情境

要创设问题情境，让学生通过联想、想象和反思，发现物理量与物理现象的内在联系，进而提出研究问题、解决问题的策略和方法。"创设情境"是物理教学提问中常用的一种策略，教师有意识地创设各种情境，既有利于解决物理的高度抽象性和学生思维的具体形象性之间的矛盾，也有利于培养学生的问题意识。

三、注重课堂提问的启发性

启发性提问与其他提问方式有所区别。启发性提问更注重对学生进行思维引导，通过问题引导学生思考，进而让学生在思想火花的碰撞中提升自我能力。在高中物理学习过程中，教师提出有效的问题，学生在问题思考中应学会质疑，应敢于打破传统框架的束缚，继而在探讨与对话中激活思维，发展创新与批判思维等，从而达到有效教学的目的。

例如，当学习到"自由落体运动"时，教师可以采用启发性的提问方式向学生进行提问："请同学们根据日常生活经验想一想，不同的物体在自由落体过程中其下落速度的快慢有何不同。什么因素影响了它们下落速度的快慢？"问题提出之后，学生们讨论起来，一部分学生说"物体下落速度是一样的"，另一部分学生说"重的物体下落速度更快一些"，还有一部分学生说"体积小的物体下落速度更快"。学生们各执一词，为了更好地验证结果，教师组织学生进行实验，接着学生得到以下结论：物体自由落体运动时会受到空气阻力的影响，在物体体积大小一致的情况下，密度小时其下落速度较慢，密度比较大的物体其下落速度较快。而后教师提出问题：若不存在空气阻力，所有物体的下落速度快慢会相同吗？教师的提问激活了学生的思维，引发了学生对另外一些观点的质疑，为了验证，学生与教师一起探究、合作，最终找出真相，得出结论。

在科学技术不断发展的当下，能够提出有效的科学问题比解决问题更加重要。

参考文献

［1］陈俊峰．如何在高中物理课堂上进行有效提问［J］．中学物理，2014，32（5）：24.

［2］艾国忠．高中物理课堂有效提问原则［J］．黑龙江教育（理论与实践），2016（3）：91-92.

［3］宋振韶．课堂提问基本模式以及学生提问的研究现状（上）［J］．学科教育，2003（1）：22-25.

［4］刘伟．高中物理教学中培养学生提出问题能力的研究［D］．重庆：西南师范大学，2002.

强化写字教学，落实低年级语文
"10 分钟随堂练字"

万　艳　贵州省赤水市第一小学

作为一项重要的语文基础，写字是巩固识字的基本手段，能够较好地提高学生的文化素养，所以，在小学低年级阶段就要帮助学生打好写字的基础。随堂练字可以激发学生的练字兴趣，避免学生对练字过程产生抵触心理，此外，有利于培养学生的审美情趣，教师应在培养学生练字兴趣的基础上让其学习练字的方法，按照相关规范要求认真练字，练字的过程有利于养成学生良好的性情以及学习态度。

随着我国教育水平的提升、教育理念的创新，小学低年级教育问题渐渐引起人们的重视。"10 分钟随堂练字"是开展素质教育的良好形式，有利于培养学生的核心素养。但从目前的情况来看，学术界对小学低年级 10 分钟随堂练字活动的相关研究很少，存在着理论空白，据此，本研究分析落实小学低年级"10 分钟随堂练字"的措施，具有较强的现实意义。

一、小学低年级开展"10 分钟随堂练字"的重要意义

所谓"10 分钟随堂练字"，也就是不固定练字的时间，由教师根据实际情况在课堂上抽出 10 分钟左右的时间让学生练字，对学生的汉字书写进行指导。教师可以在每堂课的 10 分钟时间内引导学生、启发学生，抓住汉字的外形特点对学生进行书写示范，在指导过程中教师可以应用儿歌等形式加深学生对字形的记忆，这样既可以活跃课堂的气氛，也能够加深学生对汉字的印象，从而让学生初步建立对汉字结构的审美评价。

在 10 分钟随堂练字的过程中，教师可以对汉字结构进行分析，让学生在短时内明确一些字的书写规律，这对强化写字教学具有重要的积极意义。总而言之，规范地书写汉字既是开展书面交流的基本条件，也是学生对语文及其他课程进行学习的基础，开展"10 分钟随堂练字"，可持续增进学生对汉字的理解，从而循序渐进地提升其文化品位，为其未来的发展打下坚实的基础。

二、小学低年级"10 分钟随堂练字"的策略

（一）矫正坐姿，培养良好的练字习惯

写字教学要重视对学生写字姿势的指导，引导学生掌握基本的书写技能，让学生养成良好的书写习惯。以下为教师培养学生良好书写习惯的常见方法。

1. 随手拍

随手把写字姿势不正确的学生拍下来，在大屏幕上展示出来，让学生谈谈自己的想法。再展示写字姿势正确的学生照片，对其进行表扬，给姿势不正确的学生树立榜样。通过一张张真实的照片，变被动的坐姿说教为互动教育，使班级中的小榜样越来越多，这对规范学生的坐姿效果明显。

2. 勤训练

学生熟记写字要领：头正、身直、肩平、足安。写字要做到"3 个一"：一拳、一尺和一寸。正确的握笔姿势是一抵二压三衬托。写字之前先将各口诀默念两遍，然后对照检查，都做对了再开始写字，并要勤训练。

3. 多提醒

写字前、写字中教师都要反复地提醒学生写字要领，使其在学生心中扎根。

（二）把握时机，适时指导学生随堂练字

1. 练在课题板书时，事半功倍

课题板书是指导书写的一个好机会，它有利于将识字、写字教学有机结合起来，既节省了时间，形式也非常新颖。

2. 练在阅读理解时，读写结合

在学生理解文中重点词句的时候，教师适机找到契合点，出示词句中要求书写的生字并进行指导，把写字教学贯穿在阅读教学中，将阅读和写字有机结合起来，让学生在阅读理解中巩固生字，在练字中加深对重点字词的理解。

3. 练在随堂听写时，巩固词语

听写是低年级语文教学中的常规手段，教师一般会在课前抽出几分钟的时间用于听写，主要是听写刚学习的生字词语，以达到复习、巩固的目的。在随堂听写的时候，教师应特别注重提醒学生的"双姿"，发现不正确的姿势应及时纠正，在听写练习中达到练字的目的。

4. 练在课堂记笔记时，练写结合

教师会让学生在语文书上记简单的笔记，比如重点的词语、自己的感受等，有的时候可能是一个词，有的时候是一个句子，在记笔记的过程中，应帮助学生树立"提笔即练字"的意识，要求学生认真写好每一个字，注重"双姿"的养成。

5. 练在自主学习时，享受乐趣

教师可以要求学生认真摘抄语文书中的好词佳句，然后让学生间彼此交换笔记本，发现彼此优点并寻找不足。学生在书写中能够强化"提笔即练字"的意识，在一笔一画的间架结构中形成严谨踏实的学风。

（三）分层教学，循序渐进开展"10分钟随堂练字"

低年级学生的认知能力还不够强，"10分钟随堂练字"的目的就是循序渐进地促进学生进步，而不是追求练字的速度。所以，教师应结合低年级学生的基本特点，有效利用课堂内10分钟的时间，遵循多练少写的原则开展"10分钟随堂练字"。

在开展"10分钟随堂练字"的过程中，教师不宜给学生制定定性任务，主要应视学生当天的状态设定练字的要求，保证其符合学生的身心发展规律。具体地说，就是让学生分层练字。一方面，对简单的字与难度较大的字进行归纳整理，简单的字让学生自主观察、书写，复杂的字由小组长带领学生认真观察，然后分享发现，教师提醒书写注意事项；另一方面，应结合学生的具体能力，采取因材施教的原则，给不同的学生制订不同的写字目标，帮助学生打好写字的基本功，最终达成"10分钟随堂练字"的开展目标。

（四）家校合力，让随堂练字事半功倍

充分利用"家庭作业书写评价记录表"，让家长评价学生每天的家庭作业，包括双姿是否正确、书写是否规范、书面是否整洁等，使随堂练字的效果得以巩固，营造良好的书写风气。

教师每天把课堂上学习的生字拍照后发至家长群，对生字的要点进行分析，让家长在家对照辅导学生。在家校合力的作用下，让学生的字写得越来越好。

（五）丰富评价，激发学生练字的热情

教学的艺术不在于传授本领，而在于激励、唤醒、鼓舞学生。因此，在随堂练字中，教师的评价是学生书写水平提高的"催化剂"，教师要不断丰富评价的形式，发挥评价实效。以下是常见的评价方法。

1. 随堂练字实行多元评价

灵活运用学生自评互评、家长评价、教师评价等方式，评选出"写字明星""书写规范奖""书写进步奖"；用不同的符号对学生的书写作业进行评价，例如，用"圆圈"圈画出作业中最美观的字并在旁边画上一个笑脸，在书写不美观的字旁边画上一个"哭脸"，对学生进行引导，让他们互相学习、互相促进；设计"书写质量评分标准"和"家庭作业书写评价表"，将学生作业得分登记在表格中，每个星期进行一次统计、评选；等等。

2. 随堂练字作品经常展示

利用各种机会给学生搭建展示的舞台。作品橱窗里可以展示学生优秀的习字作品，每周一换，营造竞赛评比的氛围，引导学生把每一次的作业都当成一幅作品去完成。将优秀的随堂练字作品展示出来，成为大家的典范，让每个学生都感受到自己一丝一毫的进步，进而获得成功的喜悦、进取的动力。

综上所述，练字是当今每个小学生都应具备的一项语文基本功，是一个陶冶情操、培养实践技能、提高文化修养内涵的过程。每位语文教师都应该重视随堂练字教学，引导学生勤学苦练，养成良好的书写习惯，使学生终身受益，这是立德树人在课堂教学中最好的体现。

如何提高课外阅读的实效

姚顺娜　贵州省遵义市汇川区第一小学

中小学生要具有独立阅读的能力，学会运用多种阅读方法；有较为丰富的积累和良好的语感，注重情感体验，发展感受和理解的能力；能阅读日常的书报杂志，能初步鉴赏文学作品，丰富自己的精神世界；能借助工具书阅读浅易的文言文等。课外阅读是很重要的，作为教师，绝不能忽视这一内容。学生在课内虽然学习了部分名家名篇，但是数量有限，还需要进行大量课外阅读，才能有效提高语文素养。随着新课程标准的实施，课外阅读的重要性已被越来越多的教师和家长认识，当前的考试也十分重视课外知识。所以，课外阅读实效直接影响着学生的成绩。

作为一线语文教师，笔者进行了题为"如何提高课外阅读的实效"的研究，研究发现，近年来，因新课程标准强调学生课外阅读的重要性并对学生的阅读量做了明确的规定，许多教师已经开始重视课外阅读，课外阅读研究成果也渐渐多了起来，如课外阅读指导的策略、课外阅读指导的步骤、课外阅读材料的选择等，但很多方法费时费力，在任务繁重的语文课堂教学中根本没时间落实，还有很多方法是"纸上谈兵"，没有注意到学生的差异性，推荐阅读材料后，没有适合的检查方案等。对此，笔者建议从如下几方面提高课外阅读实效。

一、营造良好的阅读环境

现代家庭，家长都很重视学生的学习，但很多家长不了解教学规律，有的家长甚至反对学生看课外书，要求学生做许多习题，让学生把大量的时间放在做试卷、上补习班上。作为教师，应努力为学生营造良好的阅读环境。教师可以在家长会上向家长介绍课外阅读的重要性，动员家长为学生买书，鼓励家长带学生去图书馆或书店借书。每学期，教师还应根据语文学习内容及学生的特点，为学生推荐图书，班上要经常开展阅读交流，学生可以互相推荐自己喜欢的图书。

还可以在教室里设置图书角，学生们可以将自己已经看完的优秀图书放到图书角，这样，学生们课间也可以享受阅读的乐趣。

二、激发兴趣，榜样引领

为激发学生的阅读兴趣，教师可以采用以下方法：介绍好书给学生阅读，激发学生的阅读兴趣和愿望，提高学生的阅读能力和认知水平。低年级学生主要是具体形象思维，因此，应为他们选取图文并茂的课外读物；中高年级学生已由具体形象思维逐步向抽象逻辑思维过渡，因此，可以适当地为他们选择一些逻辑性、说理性较强的读物。另外，学生阅读时，教师应该给他们布置一些任务，以免学生偷懒。要根据学生年级的不同，逐步提高阅读任务要求。例如，低年级可只记下文章的题目，学会必要的生词；中年级可摘录优美的句子或片段；高年级可先学列提纲，后写读后感等。

在课外阅读的指导中，榜样引领十分重要。可以以同学为榜样，也可以以教师为榜样。

三、课内阅读和课外阅读有机结合

要想更好地提升学生的语文素养，就要使课内阅读和课外阅读有机结合起来。在备课时，教师可以根据本单元的学习内容，为学生准备课外阅读的内容，如在教学四年级下册第一单元时，根据单元主题，每天让学生回家阅读有关祖国山水的文章等。

具体来说，可以开展"讲故事""读书汇报会""展评优秀的读书笔记""制作读书卡""手抄报""知识竞赛""群文阅读""诗歌朗诵比赛"等生动活泼、形式多样的课外活动，这样能有效检查阅读情况、巩固阅读成果，让学生享受阅读的乐趣，激发学生的阅读兴趣、阅读热情，调动学生的阅读积极性，推动课外阅读步步深入。

四、具体实施方法推荐

在具体的课外阅读指导中，教师应有计划地开展阅读活动，增进学生间的交流，展示学生阅读成果，提高学生阅读能力。具体实施方法如下：①寒暑假"师生共读"活动；②利用"快乐读书吧"及群文阅读、名著导读等形式，认真上好课外阅读指导课；③抓住读书征文活动、故事会、作文竞赛等契机，开展一系列主题阅读，并通过多种途径展示学生阅读成果；④开展"漂书"活动，让学生互相推荐自己喜欢的书籍，并在交换图书的活动中感受"书非借不能读"的乐趣；⑤课外阅读常态化，要求学生每天阅读课外书20分钟以上，并在课外阅读记录本上做好记录。

　　随着学生年级的升高，阅读要求也应逐渐提高。对学生的要求，可以从一开始的圈一圈、画一画、抄一抄过渡到学画思维导图，理清文章叙述顺序、主要内容，再到写读后感及仿写、续写，等等。

　　总之，在语文教学中，课外阅读不应作为"点缀"，而应是语文教学的一个重要组成部分。教师必须引领学生进行快乐的课外阅读，让学生在浩瀚的书海中遨游。

作文教学，有路可循

——谈谈作文教学中的一点体会

姚顺娜　贵州省遵义市汇川区第一小学

会写作文的学生大多有相似的特点：善于观察，善于思考，乐于表达，勤于积累。然而，习作困难生却各有各的短板，通过对学生习作情况进行归类分析，并与学生及家长交流访谈，笔者发现主要存在以下问题：①审题不清；②态度不端；③缺乏方法；④不自信，不敢下笔；⑤词汇量少，错别字多，无法准确地表达心中所想，也不重视修改；⑥没有真情实感等。

教师应抓住小练笔等习作训练机会，分类别、分层次地对学生进行指导。

一、帮学生克服对作文的畏难情绪

（一）多角度、多方面收集习作素材，多层次训练

很多学生不善于观察，在习作时常常无话可写。所以，在习作前，教师应该尽量安排学生提前收集相关资料，循序渐进地引导学生练习写相关片段。这样，学生在习作时就能"有话可说"了。

做任何事，都有一个熟练的过程，学生学写作文也一样，教师要多为学生创造练笔的机会，如要求学生每天写一则日记，对日记的字数可以不作要求，但必须围绕一个中心思想来写，每天课前2分钟，随机抽取学生上台分享。这样，学生就会花心思、动脑筋写日记了。

每一次的习作训练，教师都要让学生多次练习，先练习构思，列出提纲，再练习写。同一种类型的作文，隔一定的时间再练习一次，这是符合人脑遗忘规律的，多次训练能让学生将习作方法牢记在心。

（二）鼓励阅读，但严禁抄袭、套用他人作文

部分学生订阅了品种繁多的作文辅导书籍，网上的习作范文也是铺天盖地，但学困生阅读后，不但不能做到举一反三，反而因为有了这些资料而依赖习作范文，自己不构思，久而久之，他们就更不会写作文了。

虽然从"开卷有益"这个层面来讲，多读作文书是有一定好处的，但教师必须给学生强调：作文重在表达自己的真情实感，可以学习别人的表达方法，但不能生搬硬套。在学生练习习作的过程中，教师一旦发现抄袭或套用他人文章，要坚决抵制，让这样的学生重写，其他学生才不会效仿。

（三）重视口语交际与习作的结合

小学阶段，许多口语交际的内容是与习作相关的，有些内容虽然无关，但培养学生的口语表达能力对书面表达也有促进作用。要学生有话可写，教师要抓住口语交际教学的契机。在口头交流中，学生的想法常常是稚嫩的，但也是最真实的。教师的点拨、引导，可以使学生明白哪些话是多余的，应省略或简要概括；哪些环节是吸引人的重点部分，应详细介绍；如何说话对方才能接受；如何说话才更有条理；等等。教师要注重口语交际与习作的结合。

（四）重视教师的"下水作文"

学生的作文水平参差不齐，有些学生仍需要范文的引导，教师要注意选择范文，最好由教师或班上学生亲自撰写，这样更加贴近学生，更容易被学生接受。教师在撰写范文时，还能发现习作中的难点，为教学设计提供参考，从而提高教学效率。但教学中应杜绝简单的模仿，教师可以选择学生不容易选择的方面或不敢尝试的方面进行示范。

在教学中，既要避免学生习作千篇一律，又要激发学生的写作欲望，因此，范文还是很有必要的。教师要注意"看图作文"，一旦有了范文就容易雷同。在教学看图作文的时候，教师可以先找近似的图片，指导学生观察、想象，引导学生口述图中内容，再让学生看范文，学习表达方法，待提炼出作文写作方法后，教师再让学生使用书上规定的图片进行习作。这样，就便于检查学生是否掌握写作方法了，而且，作文雷同的概率也会降低。

（五）给学生时间，当堂完成习作

写作文耗费时间较多，所以，部分教师不愿意让学生在课堂上写完作文，但作文应当堂完成，至少应当堂写出提纲，这样，在学生写作的过程中，教师能及时发现许多习作中真实存在的问题，以便及时纠正。当堂作文不但内容更真实，而且有助于纠正学生拖沓的毛病。

二、化整为零，细化习作训练点

作为语文教师，每学期都要指导学生完成各式各样的单元习作、小练笔、周记、日记等。习作从文体上可分为记叙文、说明文、散文、应用文等；从表现手法上有"借物喻人""想象与联想""对比烘托"等；另外，教师还会传授文章结构、材料安排、修辞手法运用等方面的常识。如果一堂作文课要将所有的知识都讲到，那是不可能的，就算讲得再多，学生也消化不了。对此，不妨重视教学内容的整合，将各个作文训练点分解到每个单元的作文教学中，扎扎实实，一个点一个点地训练，这样学生的作文之路才不会迷茫。具体来说，要做好习作练习，应注意以下两方面。

（一）审题训练，明确要求

学生审题不认真，常常会让作文不符合要求，影响学生成绩，打击学生信心。为了训练学生的审题能力，在每次习作教学中，教师都要让学生认真读题，并勾画关键信息，明确可以写什么，该用什么方法写，写作时要注意什么等。当然，挫折教育也不可少，考试作文中，凡是习作写跑题的，教师都应不给分并要求学生事后重写，这样才会让学生记忆深刻，降低以后重复犯错的概率。

（二）读写结合，重视在阅读教学中提炼写作方法

教学中，一个单元是一个有机的整体。要想在习作教学时水到渠成，阅读教学中就要重视写作方法的提炼。

三、分层指导，让作文修改更高效

"好文章是改出来的"，这话确实不错，教师应认真对待作文修改。作文修改的方法多种多样，教师应注意点面结合。

学生习作修改通常有自己改、同学改、家长改、教师改几种方式。学生完成习作后，自己大声朗读，发现问题马上进行第一次修改。然后，教师抽查了解作文情况，找出本次习作中存在的主要问题，如"详略不当，重点不突出""语言不准确""中心不明"等，对习作中出现问题的学生进行统计，如果出错学生少，教师就有针对性地对出错学生进行个别辅导，不占用其他学生的时间。对于存在问题较多的习作，教师可精选1~2篇典型习作用于展示评改。教师在作文修改课上展示习作，进行集体评议，介绍修改要点后，学生再次自读习作，进行修改。

在学生中，总有一部分习作能力较强。自主修改后，教师可以利用小组合作的形式，开展学生间的互评互改，让学困生得到优秀学生的启发。正如语文课程标准提出的，要引导学生通过自改和互改，取长补短，相互了解和

合作，共同提高写作水平。最后，选择一两篇改得好的作文进行展示，如有时间，还可让学生把习作读给家长听，根据家长的意见再改。这样，教师在批改作文时，错别字、标点或用词不当等小毛病就不多了，既有利于减轻教师负担，也可以锻炼学生的作文修改能力。

四、创意评改，多维展示，激发学生写作热情

一般来说，教师们都会对学生习作中的进步给予表扬，但建议这个环节做得更细一些，例如，可以用波浪线、红五星等标出学生写得好的地方。为了让学生更有作文兴趣，可以定期评选"写作之星"或将学生优秀习作装订成册，放在书架上供学生翻阅学习，还可以组织学生参与投稿，营造积极的写作氛围。

作文教学，有路可循，这条路，绚丽多彩但不平坦，让教师携起学生的手，勇敢地迎接新的挑战吧！

利用片段写作提升初中生
写作能力的实践研究

袁　东　贵州省遵义市航天中学

一、我的问题我思考

　　语文教学中，一提起写作，大部分学生就面带难色，不知从何下笔，深感写作素材贫乏，语句的优美、结构的有序更无从谈起了。有相当一部分学生视写作文为一种精神负担和苦差事，积极性不高。然而，现今社会对学生综合素质提出更高要求，特别是在写作方面。

　　语文核心素养"语言建构与运用"要求学生建构语言运用机制，增进语文素养，努力学会正确、熟练、有效地运用语言文字。语文课程标准对写作提出了要求：能从文章中提取主要信息进行缩写；能根据文章的基本内容和自己的合理想象进行扩写；能变换文章的文体或表达方式等进行改写；有独立完成写作的意识，注重写作过程中收集素材、构思立意、列纲起草、修改加工等环节。本研究以教材为依托，就利用片段写作提升写作能力展开探索。

　　笔者在本研究中有以下几点思考。

　　（1）能否探寻一种写作路径，达到降低写作难度与要求、提升学生写作兴趣的目的。

　　（2）能否引导学生通过多方位观察和多元化阅读进行片段写作，循序提升写作能力。

　　（3）能否激发学生主动写作的热情，达到热爱生活的目的，增加学生人文积淀，培养学生的人文情怀和审美情趣。

二、我的思考我设计

　　关于片段训练，国内众多专家学者给出的定义和理解是多方面、多角度的。片段训练也叫小练笔，是运用多种表达方法表现一个生活片段。它篇幅短小，内容单一，形式灵活，是加强语言文字能力的有效手段。在教学实践和探索中，笔者认识到片段训练的第一要务是提升学生的写作兴趣，这可以在设计课前演讲3分钟的"说"中找到突破口。

让学生开口"说"一个完整的故事，根据一种生活现象引发学生的思考，进而过渡到写作，可以实现学生从被动写作到主动写作的转变。引导学生从说中写，从看中写，从听中写，由易到难，循序渐进，这样既可以克服学生的写作畏难情绪，又可以激发学生的写作兴趣，培养学生观察、认识和表达的能力，为写作创造条件。这是符合初中生认知水平和心理特征的教学方法，对教师的写作教学发挥着重要作用。

教师希望通过片段训练提升学生的写作兴趣，改变学生谈"写"色变的现状，唤醒学生的写作欲望，让学生在片段训练教学中学到写作的方法，培养写作的能力，深度挖掘学生的观察力、理解力、想象力，从而激发学生的审美情趣和对生活的热爱。

在教学中，教师可以采取"说—仿—写"三步走的教学模式：①利用课前演讲 3 分钟进行口头练习；②对名篇名段名句进行仿写；③自主创造。具体来说，可以从以下 3 个方面展开探索。

首先，课前任务环节。兴趣是学习最好的教师。片段训练不是一朝一夕之事，需一字一句书写、一课一阶段积累，所以，在课前安排好任务是重中之重。为提升学生学习兴趣，丰富教学内容，创新教学形式，教师应在每月设计好主题，课前布置学生去查找有关传统节日、历史故事、名人名篇等的背景资料，启发学生由说到思考的转变，让每节被动的语文课变成师生共同期待的"百家讲堂"魅力课。

其次，课堂教学环节。教师应只是课堂的参与者或看客，应把时间和空间让给学生，学生在多种形式的活动中思考主题内容，通过不同形式展示自我对问题的认识，在一系列活动中激发和挖掘自身潜力，不断收获成就感。教师可引导学生将书本中的知识与现实生活中的现象联系起来，并进行拓展思考，鼓励学生将思考结果写成一篇完整的小文章。学生在完成初次写作之后再进行润色，这样逐步形成"由说到写""由仿到写""由写到写"的三部曲。

最后，开展多元化评价。教师的评价应符合学生的认知规律，在思想引导方面应积极向上。

三、我的设计我实践

（一）创设情境，设计主题，以"说"促写

"说"与"写"是表达的孪生姐妹。教师可以安排一项作业：课前 3 分钟演讲，演讲内容根据本月规定的主题而定，内容、形式不限。一开始，学生

可能略显生涩，但随着时间的推移、教师的指点和学生相互之间的启发，课前演讲3分钟这一环节的主题越来越宽泛，素材积累也越来越多，渐渐形成了良性循环，于是学生渴望表达自己和超越自我，他们会留意收集生活和书中的素材，学生的语文素养也就在潜移默化中得到了提升。

（二）任务驱动，寻找名篇，以仿促写

仿写是提升写作能力的捷径之一。部编版教材具有经典性，文质兼美，适宜教学，当然，还有适当兼顾时代性的特点。课改之后的部编版语文教材把人文性放在最重要的位置，强调经典性、文质兼美和适宜教学。鉴于教材内容广泛、主题多样的特点，教师在布置写作任务时应有针对性，让学生主动寻找名篇进行仿写，如写景时可选用《春》进行仿写，可以说仿写为学生开启了写作的一扇窗，授学生以"渔"。

（三）同一主题，构建框架，积段成篇

在写作课堂上要求学生完成一篇文章，学生往往会将平时积累的片段作为素材，有意识地进行选择后将其"组装"成一篇完整的文章。同一主题，教师应指导学生构建框架，练习积段成篇。

（四）多元评价，激励创作

在教学中，建立有效的学生评价机制是使学生正确认识和评价自我的一种方法，所以，教师要做好对学生的评价，用多元化的评价机制去激励学生学习。

1. **注重随机评价**

学生在课前演讲环节时常有闪光的行为表现出来，为了及时抓住这样的闪光点对学生进行鼓励和表扬，教师可创设"本周之星""最佳话题""星光闪耀"等评语卡，当学生接到话语亲切、设计精美的评语卡时，其激励作用不言而喻。同时，教师可将口头评价、体态评价、内容评价等多种形式有机结合起来，灵活运用。

2. **突出特长评价**

为了激励学生形成兴趣、风格，教师可以把学生擅长写作的体裁作为一个重要评价领域，组织学生进行评定，最后由教师发给"特长生"证书。

四、我的实践我展望

随着研究的有序开展，学生对写作的兴趣越来越浓厚，在一次次尝试与突破中不断蜕变，作文课堂也呈现出生机勃勃的景象。在教学中，师生共同探讨—实践—解决问题，角色不断转换，既为学生搭建了一个交流、实践、提升的写作学习平台，也为教师的写作教学找到一条可实施的路径。

学然后知不足，教然后知困。在后续的教学实践中，笔者将继续深入此课题的研究，通过教学活动不断探索写作之路，不断探索教学方法，力争完成由执教者到研究者的转变。

利用数形结合　发展空间观念

——"数与形"教学案例

李　勇　贵州省遵义市湄潭县实验小学

"数与形"是人教版数学六年级上册"数学广角"里的内容。数与形是数学中2个古老、基本的研究对象，它们在一定条件下可以相互转化。作为一种数学思想方法，数形结合的应用大致可分为2种情形：一是借助于数的精确性来阐述形的某些属性；二是借助形的几何直观性来阐述数与数之间的某种关系，即通过抽象思维与形象思维的结合，使复杂问题简单化、抽象问题具体化，从而实现优化解题途径的目的。

一、案例描述

教学过程主要分为以下3步。

（一）化数为形，以形助数

笔者在执教时改变了例题的呈现方式，先通过一系列算式得出规律"从1开始的 n（n 表示大于0的整数）个连续奇数相加，它们的和等于 n 的平方"，再进行如下教学。

师：从1开始的 n（n 表示大于0的整数）个连续奇数相加，它们的和竟然可以用它们个数的平方来计算，为什么？

生：可以画图看看。

师：在学习数学时，如果遇到不能理解的内容，我们经常采用画图的方式来帮助理解。为了让大家看得更清楚，咱们不画图，拼图行不行？

例如，用1个正方形来代表1，1行1列，1×1还是1。（教师示范）

那你能用这样的图形拼出来"1+3"吗？拼出来的图形还要能够表示2的平方。请小组合作，动手拼一拼。

（学生两人一组拼图，教师巡视）

（展示2种不同拼法：一种拼成了一个长方形，另一种拼成了一个正方形，见图1）

图1 2种拼法

师：哪一个符合要求？

生：第二个。（学生齐答）

师：请拼成第二个图形的同学说一说其中的思路。

生：算式中的"1"就是深色的正方形，"3"就是浅色的正方形。因为拼出来的图形有2列2行，所以可以表示为2的平方。

师：那你们能用拼图表示"1+3+5"吗？

（学生操作并展演）

生：算式中的"1"就是图2左下角的正方形，"3"就是浅色部分，"5"就是深色部分。因为拼出来的图形有3列3行，所以可以表示为3的平方。

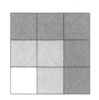

图2 "1+3+5"拼法

师：现在大家想一下，如果继续拼下去，"7"应该摆在哪里呢？摆得下吗？

（学生讨论交流）

（让学生上台拼图，摆正方形之前先说7个正方形应该摆在哪里，为什么不是6个）

生：因为角上要摆1个，所以需要7个，摆出来就成了边长为4的正方形，所以可以用4的平方来表示。

师：如果继续摆下去，可以摆成边长是几的正方形？再继续摆下去呢？

生：边长是5的正方形，边长是6的正方形……

（课件出示摆出的图形）

师：有1个奇数时可以摆成边长为1的正方形，有2个奇数时可以摆成边长为2的正方形，有3个奇数时可以摆成边长为3的正方形，有4个奇数时可以摆成边长为4的正方形，以此类推，有 n 个奇数时就可以摆成边长为几的正方形？

生：边长为 n 的正方形。

师：现在大家明白为什么"从 1 开始的 n（n 表示大于 0 的整数）个连续奇数相加，它们的和等于 n 的平方"了吗？

生：明白了。

师：当我们遇到比较抽象的数的问题时，可以借助图形来帮忙，这个过程我们把它叫作"化数为形，以形助数"。

（板书：数—形—数）

（二）化形为数，以数解形

师："数"的规律可以借助图形来思考，那么"形"的变化，背后是不是也隐藏着"数"的规律呢？

（课件出示图片，见图 3）

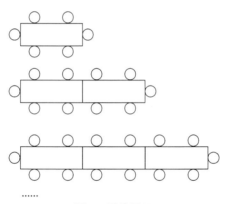

图 3　图片展示

师：1 张长方形桌子，四面坐人可以坐 6 个人，2 张桌子拼在一起，中间还能坐人吗？

生：不能。

师：那 2 张桌子可以坐 10 个人，3 张拼一起可以坐 14 个人。继续这样拼下去，请大家闭上眼睛想一想，拼出来的图形是什么样子的？

（学生闭上眼睛想）

师：现在大家睁开眼睛，想一想，100 张桌子拼在一起可以坐多少个人？

生：$100 \times 4 + 2 = 402$（人）。

（三）小结回顾，介绍数形结合思想

回顾这 2 个例子，第一个例子，"数"的问题可以借助"形"来思考。第二个例子，"形"的问题可以借助"数"来计算。"数"和"形"可以互相转化。这就要求学生在解决问题时把"数"和"形"结合起来，这在数学上是一种重要的思想，叫作数形结合思想。

二、案例分析

本堂课的重点是让学生探索规律并体会数形结合的思想。在教学过程中，通过小组合作，算一算，摆一摆，让所有学生经历猜想与验证的过程，感受数形结合的思想在数学中的充分运用。本课教学致力于在拼图和解决问题的过程中培养学生的空间观念和空间想象力，提升学生的思维水平。

培养空间观念需要大量的实践活动，要让学生有充足的时间去观察、测量、动手操作，让他们直接感知周围环境和实物，这些活动不仅需要自主探索、亲身实践，更离不开大家一起动手，共同参与。

提高小学中高段数学整理与复习课
有效性的策略初探

罗丽娜　贵州省遵义市朝阳小学

整理与复习课是小学数学教学的常见课型，它是保证数学教学质量的重要环节。整理与复习课应当充分调动学生积极性，引导学生自主探索、合作交流、积极思考，从而培养学生良好的数学学习习惯，掌握恰当的数学学习方法。

笔者在长期的教学实践中发现，许多教师在上整理与复习课时容易忽略学生在学习上存在的个体差异，忽视学生接受能力的不同。有的教师在整理与复习课上串讲知识点，忽略学生的主体性；有的教师则做题海练习，忽略知识的梳理；有的教师要求学生死记硬背知识点，忽略知识的融会贯通。这些都导致学生在整理与复习课上缺乏学习兴趣，参与积极性不高，学习主动性不强，教学效率低下。

因此，进行提高整理与复习课有效性策略研究，探索出一条能够有效提高学生整理与复习兴趣和效率的路径，对培养学生的学习习惯、提高学生的学业水平、提高学生的综合素质有着重要的意义。小学中高段的学生初步具有了整理与归纳知识的意识，但还没有掌握归纳、整理知识的方法，还不具备较强的自主归纳知识的能力，需要教师给予指导和培养。经过教学实践，笔者初步探索了提高小学中高段数学整理与复习课有效性的几点策略，具体如下。

一、课前科学、合理制定整理与复习课的教学目标与教学内容

（一）要重视学生错题的积累与分析

学生存在个体差异，对单元知识、技能掌握的程度可能差距较大。因此，教师在上整理与复习课前应该了解每个层次的学生已有的知识、方法、经验，学生在学习方面存在的普遍性困难、容易出错的知识点或题型，特别是在学习单元新知识的过程中，教师要统计和分析学生容易出错的题，并且分析这

些易错题背后的知识点以及容易出错的原因。

（二）要重视单元教学目标和单元重难点的梳理，设计分层教学目标

在上整理与复习课前，教师要对本单元的知识内容及单元知识结构进行梳理，新课教学后，要再次分析本单元知识中的重点、难点，以及本单元知识与已经学过的知识和将要学习的知识之间的联系，确定整理与复习课的"核心内容"。

整理与复习课作为一个单元学习的最后一站，是学困生查漏补缺、中等生增强理解、学有余力的学生拓展提升的关键环节。因为学生存在差异，所以教师在确定教学目标时要做好分层教学，要根据不同层次学生的学习水平合理设定教学目标，如教学目标可以分为 A、B、C 3 个层次：A 层目标是全体学生都应该掌握本单元最基础、最重要、最核心的知识点；B 层目标是大部分学生能运用本单元知识解决一些基本的、常见的数学问题；C 层目标是部分学有余力的学生能尝试灵活运用本单元知识解决一些较复杂的、具有拓展性的问题。

（三）要精心设计教学活动，既有开放性又有层次性

在教学内容的选择和教学活动的设计上，教师要充分考虑不同层次学生的情况，要使全体学生都能积极参与教学活动，教学活动要设计得既有开放性又有层次性。教师要给予学生交流、生成问题、自主探究的时间，要真正让学生自己发现学习中存在的问题并努力解决问题，真正满足学生自身的学习需求，又要体现教学的层次性，围绕本单元的重难点和本节课的"核心内容"进行教学，体现"基础—提高—拓展"的学习进阶过程。

二、重视培养学生自主归纳整理的习惯和能力

整理与复习课要使学生对已学过的知识和技能进行再学习、再归纳、再整理，从而达到进一步认识和理解已学数学知识、深入掌握数学技能的目的。培养学生自主归纳整理的习惯和能力，是引导学生将碎片化知识构建成系统的知识体系的过程。在培养学生自主归纳整理习惯和能力时，教师要注意以下几点。

（一）教给学生归纳整理的方法并进行不断的指导

对小学中高段学生来说，知道什么是整理，怎样整理，还是比较困难的，因此，培养小学中高段学生的自主归纳整理能力，需要经历一个长期、循序

渐进的过程。教师应坚持在每个单元新知教学结束后给学生布置运用知识清单来整理一个单元知识的任务，初步培养学生整理已学知识的意识；应鼓励学生尝试运用思维导图来整理单元知识，以使整理与复习更深入、更系统。

（二）激发学生自主整理和归纳的兴趣

只有充分激发学生自主整理和归纳的兴趣，学生才会主动去归纳、整理。在整理与复习课上，教师要给予学生展示和交流的机会，为学生创造互相学习的平台，培养学生自主整理的兴趣。可以采用以下几种方式来提高学生参与的积极性：一是全班展示，即课堂上可以通过自己报名或者随机点名的形式，请学生到讲台上介绍自己准备好的知识清单或思维导图，其他学生评价或补充介绍；二是小组交流，小组成员互相学习，互相交流，互相提问；三是上墙展示，教师要坚持对每个学生完成的每次作品进行批阅，并尽量给予鼓励性评价。总之，教师应通过多种形式调动学生自主归纳整理的积极性。

三、问题导学，有的放矢，创建高效课堂

整理与复习课中，教师要利用好课堂生成资源，让整理与复习课"灵动"起来。教师要充分给予学生展示和交流的机会，了解学生对单元知识和技能的掌握情况，鼓励学生提出自己的困惑和问题。对于学生在课堂中呈现出的困惑、错误和问题，教师要放手让学生自己去探究、解决。学生不能解决的问题，教师在关键处点拨，引导学生反思、归纳、总结。整理与复习课是生生、师生之间思维火花碰撞的过程，能使学生进一步认识自我、理解知识、发展思维。但要注意的是，课堂中既要充分发挥学生学习的自主性，也要发挥好教师的引导作用。教师在整理与复习课上要大胆放手，让学生提出问题，但也要紧紧记住预设的教学目标，围绕本单元"核心内容"，从众多课堂生成资源中选取最有用的资源来进行教学，引导学生解决本单元知识的重点、难点问题，有的放矢，创建高效课堂。

参考文献

［1］郑毓信. 开放的小学数学教学［M］. 南京：江苏教育出版社，2008.

［2］戴厚祥，丁常娣. 小学数学整理复习课教学的实践与思考［J］. 小学数学教育，2015（z2）：78-79.

［3］吕国栋. 思维导图在小学数学复习课教学中的应用［J］. 西部素质教育，2019，5（22）：249-250.

［4］张丹.小学数学教学策略［M］.北京：北京师范大学出版社，2010.

［5］林晓.小学高年级数学复习课中思维导图应用研究：以厦门某小学为例［J］.厦门广播电视大学学报，2019，22（3）：88-91.

［6］陈桂玲，曾继耘.小学数学问题导引式复习课的实践与反思［J］.教育理论与实践，2019，39（5）：58-60.

数学史融入初中数学教学的实践与思考

孟冬梅　贵州省遵义市正安县第七中学

一、数学史融入初中数学教学的现状

在我国，课程改革的不断深入，要求将数学史融入教学内容，但实际教学中能够主动将数学史融入数学教学的教师少之又少，没能充分发挥数学史在课堂教学中的作用。

（一）数学教师对数学史的教学重视程度不够

数学这门科目，在大多数学生心目中是一门枯燥乏味、抽象难懂的科目，很大的一个原因是数学教师的教学无法引起学生的兴趣，教师呈现给学生的是那些经过反复推敲、已经定型的数学知识。

长期以来，数学教师都是考什么教什么，对于偶尔在教材中出现的数学史内容，教师们往往视而不见，或者一笔带过，忽视或轻视了在课堂教学中适当融入数学史的意义和作用。

（二）数学教材中数学史的内容不够丰富

数学是以数据的计算、命题的推理、图形的论证等为主要学习内容的科目，初中数学教材基本是按照学生的年龄结构、思维结构进行整体编排的，内容非常丰富。

但是，数学教科书中的数学史信息资源却十分有限，通常只出现在"阅读拓展"内容中，极易被教师和学生忽略，不够丰富的数学史内容，教学中使用起来也不是很方便。

二、数学史融入初中数学教学的实践

（一）纵观数学历史发展，渗透数学知识体系

初中处于承上启下的关键阶段，知识量的增加，知识掌握难度的加大，对学生数学学业基础要求的越来越高，使许多学生在学习的过程中有难度，

甚至直接失去学习兴趣。

根据数学教材章节内容之间的逻辑关系，出于复习旧知识与掌握新知识的需要，教师应运用数学史相关知识，去启发学生思考知识点之间的关联，或建立知识点之间自己能理解的数学关系，激活数学思维。

以"数的发展"为例，课前，师生共同完成活动小组的创建并选出组长，组长进行小组分工。课后，各个小组去收集与数的发展相关的数学史料信息和数学家的故事。上课时，教师设计了6个环节。

第一环节：为什么要学习"数"？请简单说明小组讨论的结果。

第二环节：小组展示——说一说"数"的发展史。

第三环节：你知道有哪些数学家与"数"的发展有关吗？请试着讲一讲其中一位数学家的故事。

第四环节：你认为"数"还会继续发展吗？如果会，请试着猜想一下它会怎样发展。

第五环节：请同学们结合前4个问题的完成情况，小组合作完成一个具有"小组特色"的思维导图。

第六环节：请同学们谈一谈在这节活动课中的收获并完成自我评价。

本节课的6个环节环环相扣，在整个数学活动过程中，学生参与度非常高，开放性的问题为不同的学生提供了展示的平台，每位同学都希望为自己小组贡献力量。

学生也体会到了数学知识的来之不易及数学家不屈不挠的精神，甚至还有同学设想自己怎样传承数学家的数学思想。

（二）演绎数学历史故事，展示数学知识来源

数学历史故事往往能够揭示数学知识的来源，可以让学生认识到数学在历史上的重要地位和影响，进而让他们认识到数学在现代社会发展中的作用是不可忽视的。

为了让学生对无理数有更深层次的了解，笔者安排了一节"$\sqrt{2}$的本源"的数学活动课。课程中将"话剧"引入数学课，展现了这样一段数学历史：

古希腊著名数学家毕达哥拉斯成立了一个学派，叫毕达哥拉斯学派，这个学派具有很高的权威，其中有这样一个观点：宇宙一切事物的度量都可用整数或整数的比来表示。但是，毕达哥拉斯有一个徒弟研究了这样一个问题：边长为1的正方形，其对角线的长是多少。他根据毕达哥拉斯定理，计算出是$\sqrt{2}$并发现$\sqrt{2}$既不是整数也不是整数的比，而是一种新数。

师生共同演绎发现$\sqrt{2}$的情景。学生不仅知道了$\sqrt{2}$的本源知识，更形成了

对数学历史发展的敬畏之心。

三、数学史融入初中数学教学的思考

数学史作为数学文化的重要历史资源，蕴含着丰富的哲理和理论内涵，展现了人类追求真理、勇于创新、献身科学的拼搏精神，对人类研究数学、掌握数学、创新数学等具有深远的意义。

教师通过在适当的数学活动中融入适当的数学史，引导学生去探索数学发展与数学科学的奥秘，意义非凡。

（一）有利于学生学习兴趣的不断提高

传统的数学课堂往往以讲解为主，课堂氛围很严谨，学生局限在"知识"里，很少去关注"知识"从哪里来，是如何得到的。所以，学生在听数学课时，通常会感觉枯燥无味或者生涩难懂。

如果教师能将与数学有关的历史典故融入知识点讲解，那么会给学生耳目一新的感觉，会使整堂课的教学氛围更融洽、教学效果更显著。

（二）有利于学生对数学知识的理解

对比较重要的数学内容，教师应引导学生在课余时间利用网络或其他方式查找与之相关的数学史资料，了解有关数学内容的起源和发展脉络，为学好该知识点奠定基础。

学生在利用身边一切资源寻找有关材料时，会对相关数学知识产生更深刻的理解。在利用资料查找和探索的过程中，学生往往能做到既"知其然"也"知其所以然"。

（三）有利于学生爱国情怀的培养

数学史融入数学课堂教学是一种比较好的学生爱国情怀培养途径。

例如，在讲到勾股定理这一内容时，教师运用数学史内容解释其历史渊源，学生就会明白我国在勾股定理的发现、证明和运用等方面均领先于西方国家，这有利于增强学生的民族自豪感。

（四）有利于学生创新精神的培养

数学是对物质世界的规律进行量化描述的工具。常规的数学课堂教学中，教师们都很注重学生数学知识能力的培养和数学知识运用技能的培养，而忽视学生数学人文素养的培养，特别是学生的创新能力和求真精神的培养。在

数学课堂教学中适当地融入数学史相关信息，有利于培养学生的创新精神。

科学给人以知识，历史给人以智慧。数学史教给我们的不仅是知识，更是前人的智慧。它让我们对概念和定理的产生来源和发展路径理解得更透彻。教师在教学过程中应充分认识到数学史教学与数学知识学习之间的关系，掌握好它们之间的"度"，引导学生深入生活、深入数学史与人类发展的历史，构建一个有意思、有意义的数学课堂。

参考文献

［1］张俊忠．数学史融入初中数学教育的研究［D］．武汉：华中师范大学，2015.

［2］蔡天新．数学简史［M］．北京：中信出版集团，2017.

［3］魏巍．数学史融入初中数学教育的研究［J］．课程教育研究，2018（36）：147-150.

［4］林平．浅谈数学史融入初中数学课堂的意义和教育价值［J］．新课程（中旬），2013（5）：136-137.

指向学科核心素养的初中化学
习题例析与教学思考

申　维　贵州省遵义市第一初级中学

"核心素养"指学生应具备的适应终身发展和社会发展需要的必备品格和关键能力，突出强调个人修养、社会关爱、家国情怀，更加注重自主发展、合作参与、创新实践。从价值取向上看，它反映了学生终身学习所必需的素养与国家、社会公认的价值观。从指标选取上看，它既注重学科基础，也关注个体适应未来社会生活和个人终身发展所必备的素养；不仅反映社会发展的最新动态，同时注重本国历史文化特点和教育现状。化学核心素养是指本学科给予学生未来发展必备的品格和关键能力；是在解决复杂的、不确定的现实问题过程中表现出来的综合性品质或能力；是学科的知识和技能、过程与方法、情感态度和价值观的整合。

化学核心素养是初中化学的基本素养，在培养学生把握解决问题能力和化学思维的同时，对于学生的发展也有着不可估量的作用，所以，教师在进行化学教学时一定要激发学生的学习兴趣，让学生自主思考问题。初中启蒙阶段应该培养学生的化学学科核心素养如下。

"变化观点"，化学变化是化学科学研究的核心内容，物质在发生化学变化时遵循质量守恒定律，而质量守恒定律是自然界的普遍规律之一，也是初中化学的重点内容，因此，"变化观点"可以作为初中化学的核心素养之一。

"宏观辨识与微观解析"，宏观与微观的联系是化学不同于其他学科的思维方式，所以，"宏微结合"可以作为初中化学的核心素养之一。化学研究的对象是物质，物质是由元素组成的，物质可用化学符号表示，化学符号是国际通用的化学语言，所以，会认识化学符号，会用化学符号表征物质是化学的核心素养之一。

"实验探究题培养学生证据及推理素养"，化学是一门以实验为基础的学科，化学实验是化学科学研究的基本手段，科学的本质是探究，科学探究是化学家研究化学的方法，也是化学课程要求学生掌握的重要内容和学习方式，所以，"实验探究题培养学生证据及推理素养"是初中化学的又一核心素养。

"科学精神与社会责任"，是化学学科素养更高层面的价值追求，强化学科应用，体现化学学科价值与社会责任，让学生感受到化学学科价值与化学对促进人类社会发展的社会责任，通过联系生活和社会实际，强化化学学科应用。

一、习题蕴含培养学生宏观辨识与微观解析

案例一　建立"宏观—微观"之间的联系，是化学学习的重要方法。根据图1回答下列问题。

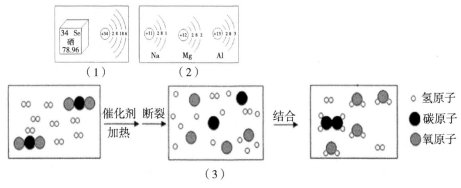

图1　案例一图示

（1）硒元素被科学家称为"抗癌之王"，科学界研究发现，血硒水平的高低与癌症的发生息息相关。如图1（1）是硒元素的相关信息：硒元素属于___非金属___（填"金属"或"非金属"）元素，相对原子质量是___78.96___。

（2）如图1（2），Na、Mg、Al 3 种元素位于元素周期表中第___三___周期，对于 Na、Mg、Al 3 种元素来说，原子最外层电子数越多，原子半径反而越小，原子核对核外电子的引力越大，Na、Mg、Al 3 种原子失电子能力由强到弱顺序是___Na>Mg>Al___。

（3）二氧化碳和氢气在一定条件下转换为化工原料乙烯（C_2H_4），是我国科学研究的又一重大突破，其反应微观过程如图1（3）所示，用符号表达式为___$CO_2 + H_2 \xrightarrow{\text{一定条件}} C_2H_4 + H_2O$___。请用微观的观点解释化学变化的实质：___分子分成原子，原子重新组合成新的分子___。

该题突出对化学学科"宏观—微观—符号"三重表征思维方式的考查。由图1（3）可知，白色的小球代表氢原子，黑色的小球代表碳原子，灰色的小球代表氧原子，2 个白色小球连在一起代表的是氢气的微观模型，氢分子可用化学式 H_2 表示，1 个黑色的球和 2 个灰色的球连在一起代表的是二氧化碳

的微观模型，二氧化碳分子可用化学式 CO_2 表示，2 个黑色的小球和 4 个白色的小球连在一起代表的是乙烯的微观模型，乙烯分子可用化学式 C_2H_4 表示。从图中提供的信息可知：在发生化学变化的时候，二氧化碳分子和氢分子先发生断裂，分成氢原子、氧原子和碳原子，而原子是化学变化中的最小微粒，它不能再分，只能重新组合，每 2 个氢原子和 1 个氧原子重新结合成 1 个水分子，每 2 个碳原子和 4 个氢原子重新结合成 1 个乙烯分子。该题培养了学生的宏观辨识与微观解析能力，让学生首先从题目中知道参加反应的宏观物质是二氧化碳和氢气，生成物是乙烯和水，再找到其对应的微观模型，从微观模型写出物质的化学式，从而培养了学生的"宏观—微观—符号"化学学习思维方式。

二、实验探究题培养学生证据及推理素养

案例二　在研究"酸碱中和反应"时，某兴趣小组学生想证明盐酸与氢氧化钠溶液混合后是否发生了化学反应，进行了如下探究。

（1）在盛有氢氧化钠溶液的烧杯中滴入几滴酚酞试液，再逐滴加入盐酸，并不断搅拌［见图 2（1）］，用数字化传感器测得盐酸数量与温度变化的关系［见图 2（2）］。

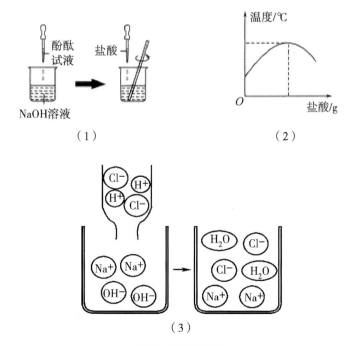

图 2　案例二图示

由实验现象和曲线变化情况分析可知，盐酸和氢氧化钠溶液发生了反应并放出（填"吸收"或"放出"）热量。

（2）从微观角度分析盐酸与氢氧化钠溶液的反应。

由上图可知，该反应的微观实质是 H^+ 和 OH^- 结合生成 H_2O（或 $H^+ + OH^- = H_2O$）。

【交流讨论】学生们讨论后认为，如果盐酸和氢氧化钠减少（或消失），或者有新物质生成，都能证明反应已经发生。

（3）探究实验后烧杯中溶质的成分［见图 2（3）及表 1］。

表 1　　　　　　　　　　　　　　案例二实验

步骤	现象	结论
实验 1：取烧杯中的溶液少许于试管，加入硫酸铜溶液	没有蓝色沉淀生成（或没有明显现象）	证明没有 NaOH
实验 2：另取烧杯中的溶液少许于试管，加入硝酸银溶液	出现白色沉淀	证明含有 HCl
实验 3：再取烧杯中的溶液少许于蒸发皿，加热蒸干	有白色固体（或白色晶体）产生	证明有 NaCl 生成

【得出结论】氢氧化钠溶液和盐酸发生了中和反应。

【评价反思】有学生认为，仅通过实验 2 得出"溶液中含有 HCl"证据不足，理由是生成的氯化钠与硝酸银反应也能产生白色沉淀。

证据推理的第一步——收集证据。化学是以实验为基础的学科，化学中的现象结论都以实验为基础，要想从实验中得出正确的结论必须学会收集证据，根据分析收集的证据从而得出结论。化学学科核心素养中的证据推理指学生要学会收集各种证据，对物质的性质与变化提出可能的假设，基于证据进行分析推理，证实或证伪。该实验探究题中的第一问，判断盐酸和氢氧化钠溶液发生反应是吸热还是放热，让学生认真地观察图 2（2），从图像中去收集证据。从图像中可知，随着盐酸的加入，溶液的温度在逐渐升高，从而可知盐酸与氢氧化钠溶液反应要放热。

在实验探究题中，基于证据的逻辑推理是最关键的环节。在该实验探究题的第（3）部分，要探究实验后烧杯中溶质的成分，要根据加入试剂产生的相应的实验现象来推理某成分是否存在。实验 1：取烧杯中的溶液少许于试管，加入硫酸铜溶液，要根据实验现象来证明有没有 NaOH 的存在。由 NaOH 的化学性质可知，如果有 NaOH 存在，NaOH 与硫酸铜反应会产生蓝色沉淀，反之，如果加入硫酸铜后没有蓝色沉淀生成或没有明显现象，则可推出没有 NaOH 的存在。

实验2：另取烧杯中的溶液少许于试管，加入硝酸银溶液，要证明 HCl 的存在，因为 Ag^+ 与 Cl^- 结合会产生 AgCl 的沉淀，从产生的白色沉淀这一证据可推知有 HCl 的存在。当然这不够严谨，因为生成物 NaCl 也能与 $AgNO_3$ 反应产生白色沉淀，所以，在反思与评价中才会存在对结论的质疑。

从该题可知，在实验探究题中要得到正确的结论一定要有充分的证据进行佐证，并结合证据进行合理的推理才能得出正确的结论。

三、习题蕴含培养学生社会责任感

案例三　煤的综合利用有利于保护自然环境，维持社会的可持续发展。

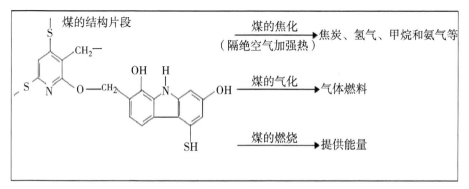

图 3　煤的社合利用

（1）由图 3 中煤的结构片段可知：煤的组成元素中除 C、H、O、S 还含有 ＿＿N＿＿（填元素符号）。

（2）煤的焦化属于＿＿化学＿＿变化；焦化获得的焦炭可用于高炉炼铁，高炉内 CO 和 Fe_2O_3 反应的化学方程式为 ＿＿$Fe_2O_3+3CO\xrightarrow{\text{高温}}2Fe+3CO_2$＿＿；焦化获得的氨气可用于制取氮肥，区分 $(NH_4)_2SO_4$ 和 K_2SO_4 这 2 种化肥可选用的试剂是＿＿C＿＿（填对应选项的字母）。

A. 氯化钡　　　　　　B. 盐酸　　　　　　C. 熟石灰

（3）煤的气化过程中，主要反应是碳与水蒸气生成 2 种气体燃料，其中一种是单质，该单质是＿＿氢气＿＿。

（4）提高煤的燃烧效率能节约煤碳资源，写出一种提高煤的燃烧效率的方法：＿＿将煤粉碎成煤粉后燃烧＿＿。煤中加入适量石灰石燃烧，可发生反应：$2CaCO_3+O_2+2SO_2\xrightarrow{\text{高温}}2CaSO_4+2CO_2$，煤中加入石灰石对环境的意义是＿＿减少二氧化硫的排放，减少酸雨的产生＿＿。

社会责任感是指社会群体或个人在一定的社会历史条件下所形成的为建设美好社会而承担相应的责任、履行各种义务的自律意识和素质。在教学中，要以学科知识为载体培养学生的社会责任感。该题以煤的综合利用为载体，考查化学与能源、化学与社会可持续发展方面的知识。学生通过观察煤的综合利用的框图，从图中可感知煤隔绝空气加强热可生成焦炭、氢气、甲烷和氨气等，焦炭是冶金工业必不可少的原料，氢气和甲烷可以做燃料，氨气是重要的化工原料；煤的气化可以得到气体燃料；煤的燃烧可以释放热量，让学生体会了化学的学科价值，知道了化学可以创造物质，也为解决能源的短缺做出了重大的贡献。但如果煤直接燃烧，则会产生一氧化碳、二氧化硫、粉尘，会污染环境，二氧化碳的过多排放会造成温室效应，让学生意识到化学是一把双刃剑，如果不合理使用，会对环境造成污染。从该题的教学中也让学生认识到：综合、合理、有效开发利用煤炭资源，并着重把煤转变为洁净燃料，是人们努力的方向，也是学生们未来肩负的使命；从该题的教学中也培养了学生在利用化学为人类服务的时候一定要保护自然环境，维持社会的可持续发展。引导学生认识环境保护和资源合理开发利用的重要性，使学生具有可持续发展的意识和绿色化学观念。

四、习题中蕴含化学学科核心素养的相互渗透

案例四　某兴趣小组开展"测定密闭容器中某种气体的体积分数"的探究实验。

【实验1】按图4（1）所示装置，用红磷燃烧的方法测定空气中氧气的体积分数。

【实验2】按图4（2）所示装置，在集气瓶内壁用水均匀涂附铁粉除氧剂（其中辅助成分不干扰实验），利用铁锈蚀原理测定空气中氧气的体积分数。

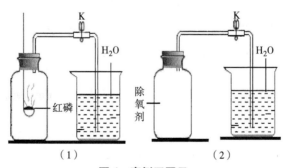

图4　案例四图示

（1）实验1中，红磷燃烧的主要现象是 <u>产生了大量的白烟</u> 。红磷熄灭后，集气瓶冷却至室温，打开K，水能倒吸入集气瓶的原因是 <u>氧气被消耗，集气瓶内气体压强小于大气压</u> 。

（2）实验过程中，连接数字传感器，测得实验1、实验2中氧气的体积分数随时间变化的关系。依据变化关系信息， <u>实验2</u> （填"实验1"或"实验2"）的测定方法更准确，判断依据是 <u>反应后，实验1集气瓶内剩余氧气的体积分数是8.6%，实验2集气瓶内氧气几乎要耗尽</u> 。

（3）结合你的学习经验，若要寻找红磷或铁粉除氧剂的替代物，用图4（1）或图4（2）装置测定空气中氧气的体积分数，该替代物应满足的条件是 <u>能够和氧气反应，生成物不是气体</u> （写2点）。

本题是一个综合性特别强的题目，在本题中考查了化学学科核心素养中的"宏观辨识与微观解析""变化观点"等几个方面。在本题的第（1）部分中，既要求学生要从宏观方面辨识氧气的性质，还要从微观结构上来辨识其性质活泼的原因，因为氧原子最外层电子数为6，很容易得到电子，因此氧气化学性质非常活泼，能与红磷发生反应生成白色的五氧化二磷固体，因此，在实验中会看到大量的白烟。由于磷和氧气反应后集气瓶内的氧气被消耗，待冷却至室温后，压强减小，在压强差的作用下，水会被压入集气瓶中，从观察到的水进入集气瓶中约1/5体积可推知：氧气约占空气体积的1/5。在该习题教学中，让学生体会到了化学物质在一定条件下是可以进行转换的，并且在发生化学变化的时候还会伴随发生一些现象，也让学生意识到，在完成化学实验的时候一定要注意观察实验现象，收集实验证据，再对证据进行分析处理得出正确的结论。

五、教学思考

在纸笔测试背景下，习题教学是考查学生核心素养是否得到培养的方式之一，在具体的习题教学中考查掌握的知识与核心素养，作为一名一线的教师，应从以下方面处理习题。

（1）在习题教学中培养学生的阅读能力和理解能力

在平时的习题教学中，要改变传统的习题讲授方式，在习题中要避免教师一言堂的情况，让学生积极参与教学，在讲授习题时，一定要让学生认真读题、细品、细读题干，反复阅读，反复推敲，从题干中找准关键词，再围绕关键词进行答题，这样学生答题的时候就不会偏离主题，在认真阅读的过程中学生的阅读能力和理解能力都会得到培养。

（2）在习题教学中培养学生的观察能力和分析能力

在化学练习题中，会有很多的图像、图标、图形题，在这种题的教学中，首先让学生从题干中找出该题的目的，再让学生仔细观察图像并分析找到解决问题所需要的关键信息，如果观察一遍找不准关键信息，可提示多观察几次，一定要琢磨解决此类题型的关键所在。这样，学生的观察能力和分析能力会得到不断的培养。

（3）让学生学会当"小教师"，培养其讲述能力、表达能力、解题能力和思维能力

在习题教学中，让学生转变身份当"小教师"，让学生以教师的身份把题目给同学们分析清楚，看似是一个小小的题目，但学生要把题目分析透彻需要做很多的准备工作。例如，首先他要弄清楚该题考查的是什么核心知识，他会把所有学过的知识在头脑中进行串联，然后他会思考用什么样的方式讲授才能让同学们听得懂。长此以往，学生的表达能力、思维能力都会得到培养。

总之，在习题教学中，尽量做到一题多解，从多角度来认识化学物质以及化学变化，要让学生能充分地表达他们的见解，不要禁锢学生的思维方式，应该培养学生的发散性思维，只有在教学中一点一点地逐渐培养学生学习的各种能力，达到了质的飞跃后，其化学的学科核心素养才会得到真正的培养。

参考文献

［1］旷湘平，李冰，杨焱．深度教学是促进初中化学学科核心素养落地的主要途径［J］．教育进展，2019（2）：113–119.

［2］张才红．基于发展学生核心素养的实验教学研究［J］．中学生数理化（教与学），2018（10）：32.

［3］田薇．浅析宏观辨识与微观探析素养［J］．中学生数理化（教与学），2019（12）：63.

高中《生活与哲学》主观题问题分析及对策

——以 2020 年全国卷Ⅲ 40 题（1）为例

翁　倩　贵州省遵义市第四中学

一、命题分析

（一）命题立意

考试命题应注重紧密联系社会实际与学生生活经验，强调综合运用知识分析解决实际问题能力的考查，要有利于促进学生核心素养的发展。

本题围绕黄河治理创设命题情境。试题结合现实生活中的真实案例，要求学生对黄河治理战略的合理性进行分析，是基于生活对学生"整体与部分"基础知识内容的考查，同时借助答题的过程考查学生的学科关键能力，尤其是运用马克思主义哲学思维的能力。

命题立意体现了对学科核心素养的考查。一方面，能否精准运用哲学方法论分析、解决问题体现了对核心素养"科学精神"的考查；另一方面，尝试阐述清楚黄河治理战略的合理性必然会增进学生对我国政策方针的理解和支持，体现了对核心素养"政治认同"的考查。

（二）命题背景

试题以黄河流域生态保护和高质量发展提升为重大国家战略和习近平总书记提出的黄河治理战略思想为题材，考查学生运用唯物辩证法分析重大理论和现实问题的能力。

（三）知识切口

命题结合黄河水沙治理的历史回顾、实践过程、当下成效，要求学生运用"整体与部分辩证关系原理"说明黄河治理战略思想的科学性，材料中关键词和信息指向性强，考查学生根据知识限定分析材料提取有用信息进行论述的能力，符合哲学模块教学培养学生"正确地认识世界""正确地改造世界"的要求。该题属于小切口类型试题。

（四）设问类型

"说明黄河治理战略思想的科学性"，属于分析说明类试题。在哲学模块主要考查学生以哲学原理来分析说明相关事件的原因、以哲学方法论来分析说明相关措施依据的能力。因此，在答题中需要学生充分运用知识范围内的原理和方法论来论述，对知识把握的精准度要求较高。本质上而言，这道题需要学生理解"为什么党的黄河治理战略思想能指导黄河水沙治理取得显著成效"。

二、答题分析

（一）总体概况

由于该题在教材中已经有比较明确的知识内容，且属于大部分学生比较熟悉的考查范围和设问方式，因此，抽样跟踪的学生大多数都能作答，且基本能答出原理和1~2条方法论。

（二）突出问题

1. 审题方面

（1）设问审题偏差

许多学生审题不清，突出表现为未能在限定的知识范围内准确作答。

在设问中明确了知识限定是"整体与部分辩证关系原理"，但在答题过程中，有许多学生作答的是实践与认识、物质与意识、矛盾的观点、联系的普遍性、人民群众的观点、社会存在与社会意识、价值观的引领等，且大部分这样作答的学生未能结合材料进行分析，只是简单罗列了原理或方法论，这从侧面反映出这类学生除了审题不清，对知识的掌握程度也不够的问题。

（2）知识与材料衔接错误

这方面最突出的问题是以非限定范围内的知识点作答。

2. 论述方面

（1）缺少材料分析

这类学生在答题时会将整体和部分的原理方法论非常简单地罗列出来，且缺乏条理性，没有或很少结合材料进行分析。综合分析，主要原因应该是作答时间不够、知识运用能力不够、缺乏答题技巧等。

（2）知识论述不充分

这一问题主要分为两种情况。

第一种情况是学生只分析了材料（或抄材料），没有或很少结合知识点内容作答，原因主要是对知识记忆熟悉程度不够、知识运用能力不够。第二种情况是学生的知识记忆状况较好，但不能将试题所需的原理方法论内容以精准、规范的哲学语言表述出来，在结合材料书写时显得知识论述单薄。这部分学生如果在教学中得到合理的规范引导，得分将会进一步提升。

（3）知识论述烦琐

此类学生在学习中应该非常认真，能够把教材中知识限定范围内的语言原封不动地写下来，但是存在以下两方面的明显问题。

一方面，答题区域非常有限。将知识点全部写下来，如果字迹排版不佳会显得非常拥挤而不利于阅卷老师评阅，且很可能出现答题区域不够作答、重要的知识内容无法书写进而导致没必要的失分的情况。

另一方面，答题时间非常有限。在有限的答题时间内，如果将整体和部分的含义、地位、关系、方法论全部作答出来，很可能会导致在一道题上付出太多时间，结果是不一定能够达到最终的答题要求，还会直接影响后续试题的作答时间和作答效果。

（4）学科思维欠缺

一方面，部分学生在运用哲学知识解答问题的时候还停留在"是什么"的角度，即"整体与部分"的含义是什么、地位是什么、关系是什么、方法论是什么，因此，答题时仅仅为知识内容的复述、抄写，而非用知识内容去分析现实案例、解决情境性问题，很难形成"为什么""怎么办"层面的思维，更难以达到哲学学科"正确地认识世界""正确地改造世界"思维和能力的要求。

另一方面，从学生的哲学思维培养来看，思想政治学科强调培养学生的科学精神，就是使学生坚持马克思主义世界观和方法论，坚持真理，尊重规律，实事求是等，对个人成长、社会进步、国家发展和人类文明作出正确的价值判断和行为选择。学生在学习中存在知识与社会生活相脱离的问题，不能将哲学知识转化为自己的思维方式，表现在考试中，就是不能灵活地运用哲学知识，不能有效地阐释、论证社会问题。

3. 书写方面

（1）字迹潦草，书写随意，难以辨认。

（2）答题不分点，没有序号，缺乏层次性。

（3）大面积涂改、圈画，影响卷面整洁度。

（4）将其他题目内容书写到本题答题区域。

三、教学建议

（一）学生知识掌握方面

建议教师在教学中针对学生的知识记忆、理解、运用进行专门、有效的训练。

（1）将课本知识点逻辑化。在一轮复习中让学生充分整理好所有课本内容、知识点的关系，建议使用框架图或表格，既要关注一节、一章知识的自身逻辑，也要关注整单元、整本书甚至整个学科知识之间的内在逻辑。

（2）将课本知识点精细化。在二轮复习中让学生把不必要的知识点一一删减，留下重要的、常用的知识点并不断强化记忆，保证运用时的语言精准度。

（3）将课本知识点生活化。教师应有意识地将课本知识与时政素材结合起来，在复习中可以穿插时政素材与课本知识的衔接训练。让学生从知识点的记忆变为知识点的运用，学会用哲学原理方法论分析问题和解决问题。

（二）学生答题能力方面

（1）对答题过程进行程序化讲解和训练，让学生养成认真审题、先审题再做题的习惯。

①审：审知识范围、审逻辑关系、审设问方向。

②找：找材料信息、找知识点衔接。

③写：答案要点化、要点逻辑化、语言精准化、书写美观化。

（2）训练学生的答题速度，即要求学生在 7~9 分钟内完成答题，训练学生在紧张状态下调动和运用知识的能力。

（三）学生成长记录方面

一方面，学生做自己的成长记录，通过笔记本、错题集、总结本等形式记录自己的学习困惑与感悟。

另一方面，教师做学生的成长记录。教师要在教学中收集学生问题卷、优秀卷并分类保存，为学生明确要避免的问题和要努力的方向。

（四）创设情境、培养思维方面

在学生对相关学科知识有了一定程度掌握的基础上，教师要在教学情境与命题情境的关联方面给学生以学科思维引导，给学生进一步深入思考的空间和更充分培养学科思维的机会，让学生实现学科能力的提升。最常见的做法就是结合时政专题或者重大时政事件，提高学生对素材的分析理解能力、对知识的调动和运用能力等。对于不同学习能力的学生，教师可以采用不同难度的训练方法。

（1）简单素材+固定知识点连线训练

通过将时政素材与知识点连线搭配，训练学生在具体事件中联系知识点的能力。这样的训练难度相对较低，对学习能力较弱的学生而言是建立学习信心和培养学习能力的有效方法。

（2）简单素材+发散知识点训练

选择时政素材，要求学生根据素材回忆可能相关的知识点，并运用学生熟悉的知识点分析时政素材内容。这样的训练难度相对提高了一些，但是因为没有固定设问，所以对学生回忆知识点的精准性要求并不是很高。学生可以选取自己熟悉的知识点尝试解决问题。这是进一步锻炼学生能力、培养学生学习信心的方法。

（3）复杂素材+不同角度设问训练

选择相对复杂的时政素材，教师从不同的哲学知识角度设问，要求学生根据教师设问精准分析素材、解决教师提出的问题。这样的训练可以让学生运用不同的哲学知识充分解剖同一时政素材，训练难度较大，但是能够反复锤炼学生的哲学思维和提高学生的知识运用能力。

（4）课外素材补充

可以适当为学生安排难度、长度适宜的哲学图书等，让学生在学习课本知识之余能够见识到哲学世界的广博，增长知识，培养兴趣，锻炼思维。

四、教学展望

高考命题以知识为基础，以社会生活热点为背景，以能力立意，彰显学科素养。因此，在今后的教育教学中，教师应注意以下几点。

（一）巩固基础知识

让学生充分熟悉教材，掌握基础知识，提升关键能力。教师要引导学生从一般学习走向深度学习。

（二）彰显学科核心素养

教师要在教学中以学科素养培养为背景，结合社会生活素材充分开展教学，培养学生的政治认同感、公共参与意识、科学精神和法治意识。

（三）结合时政教学

教师应对课本知识进行适当的拓展，必要时进行专题整合，以让政治课教学与现实问题紧密相关，培养学生关注热点、理论联系实际、分析解决问题的能力。

政治学科哲学部分主观题是集中体现学生精准运用知识能力、集中考查学生哲学思维品质的内容，要求学生具备知识记忆、知识理解、知识运用、哲学思维等方面的能力，教师要在教学中设计好各个阶段和环节，关注学生在学习、答题、思维品质等方面的问题和进步，要以更加生动的教学情境为学生奠定认识基础和思维基础，让教学真正有效，让学生真正成长，从而实现立德树人的教育目标。

分析试题走势　改进物理教学

——基于遵义市近年中考试题分析的思考

王　勇　贵州省遵义市正安县第七中学

一、遵义市近年中考试题总体分析

1. 整体而言，考查面变宽，覆盖面变大，从而提高了对中考学生考查的全面性，减小了考查的片面性

从遵义市近年的中考试题来看，考查范围基本涉及初中物理所有知识点、能力要求点。

2. 考查难度有所下降

由遵义市物理中考近年的考题难度情况来看，总体难度下降。

二、试题特点分析

（1）灵活多变，注重实验探究。

（2）密切联系生活与社会。

（3）更加注重初高中物理知识的衔接。

（4）注重考查学生数学思维中图像与物理知识"图形结合"的应用能力。

（5）提高了对学生阅读能力的要求。

三、初中物理教学改进建议

（一）更加注重学生的科学实验探究能力

学生科学实验探究能力，不仅影响学生的中考成绩，还将影响学生的一生。一方面，只有将学生的探究能力培养好了，他们在中考中才能做好实验探究题等；另一方面，培养学生的科学实验探究能力，有利于培养学生的动手能力、分析观察问题的能力，进而培养学生的科学研究能力，只有这样才能更好、更多地为国家培养研究型人才。

（二）更加注重培养学生联系社会生活的能力

在课堂教学中，应尽量利用学生身边的生活、生产实际来引入新课等；应尽量选择前沿科技实例来培养学生联系实际的能力，同时培养学生对科学技术的热爱之情，提高学习物理的兴趣。

（三）更加注重初高中物理知识的衔接

初中物理与高中物理绝不是分离开来的，在初中物理课上，教师应注意以下事项。

（1）在概念课中，注重从典型事例中抽象出事物的本质属性，形成概念思维。

（2）在规律课中，在发现、探索规律时要突出物理思想方法与研究方法，使学生思路清晰、步骤清楚。

（3）在习题课中，突出分析和解决问题的思路，采用逐步设疑的方法打开思路，一题多解拓宽思路，一题多变活跃思路，分类比较归纳思路，等等。

（4）在平时的生活实践中，有意识地培养学生的逆向思维、动态思维、多向思维等。

渗透数学文化　发挥育人功能

——以"年、月、日"一课为例

彭双娟　贵州省遵义市汇川区第一小学

一、案例实施背景

数学是人类文化的重要组成部分，数学素养是现代社会每一个公民都应该具备的基本素养。数学文化涵盖的内容非常丰富，不仅包括数学思想、精神、方法、观点、语言，还包含数学史、数学美等。在小学数学教学中渗透数学文化，可以发挥数学学科的育人功能，让学生感受数学与人类社会发展的关系，体会数学的价值。本研究以"年、月、日"一课为例，探讨在教学中如何结合具体内容进行数学文化的渗透，将数学教学转变为数学教育。

年、月、日这几个时间单位与学生的生活息息相关。在日常生活中，学生一点一滴地积累起了对年、月、日的初步印象，比如每天的考勤牌记录、写日记、电视广播等都能接触到年、月、日，一些特殊的月份、日子更是在学生心中积淀了特殊的情感。但是，年、月、日各自的特点和相互之间的关系较为复杂，相关的知识点很零碎，其相对时、分、秒来说也较为抽象，学生往往缺乏清晰的、全面的认识。

在日常生活和学习中，学生对年、月、日是有一定的知识积累的。因此，教师在设计本课时侧重把数学知识和生活实际联系起来，让学生以自主探究、合作交流的方式掌握年、月、日相关知识，培养学生的问题意识和运用良好学习方法自主学习的能力。在整个过程中，潜移默化地渗透数学文化。

二、案例实施过程

（一）引入开放性问题，激发学生的学习兴趣

开课时，教师首先设置了如下问题情境。

师：同学们喜欢看动画片吗？有一部 30 集的安全教育动画片，每天播放 1 集，你们觉得 1 个月能播放完吗？

（学生回答可能有 3 种情况：能、不能、看情况。）

以此激发学生的学习兴趣，激活学生已有的知识和经验，了解学生对年、月、日的认知情况。

（二）经历知识形成过程，培养学生的思维

在交流后，教师引导学生认识一年中 12 个月的不同天数，探究一个月有多少天。

师：为什么同样的问题会有不同的答案呢？哪几个月能播放完？

生：除了 2 月，其他月份都能播放完。

师：其他月份的情况一样吗？都是刚好播放完还是会有多余的天数？播放完还有多余天数的是哪几个月？多多少天？

（学生回答月份和天数。）

师：你们是怎么知道的？拿出你们的年历卡验证一下：圈出这几个月的最后一天，都是 31 天吗？你们每个人的年历卡都是不同年份的，说明不管哪一年，这些月份的天数都是 31 天。我们把 31 天的月份叫作？

（大月）

师：看看每年一共有几个大月？

师：刚好播放完的是哪几个月？有多少天？

（学生回答月份和天数。）

师：再用年历卡验证一下：圈出这几个月的最后一天，都是 30 天吗？我们把 30 天的月份叫作？

（小月）

师：每年一共有几个小月？

师：哪个月不能播放完？有多少天？同样拿出你们的年历卡验证一下：圈出这个月的最后一天，都是 28 天或 29 天吗？2 月是特殊的月份，有 28 天的那一年叫？（平年），有 29 天的那一年叫？（闰年）。

师：年历上 2 月有 29 天的同学起立，你们发现了什么？（四年一闰）

本节课的重要知识主要来自学生自己的猜测、验证，在交流中加深了学生对年、月、日知识的理解和掌握，借助年历卡培养了学生的观察、比较、综合、表达能力，帮助学生进行了数学思考。教师可以根据学生交流情况引导学生学习课本中熟记大小月的方法，重点学习"拳头记忆法"和"歌诀记忆法"，引导学生感受数学文化，体会数学方法的妙处，既为学生提供思维发散的空间，又为学生提供统一认识的依据。

（三）设计有效问题，给学生充分的自主探究空间

留给学生自主探究的空间不够，学生思维灵活性和创新精神的培养就无

从谈起。因此，教师应通过设问开放性问题给学生充分的自主探究空间。

（四）应用拓展，体现学科育人

教师应努力在课堂教学中实现由学科教学到学科育人的转向。

例如，本课例在练习环节可以延续"动画片"情境，通过计算食品、产品保质期来给学生渗透安全教育和法治教育。

总之，本课以新课程标准为指导，创造性地使用教材，以学习生活中的数学、学习有用的数学、用数学知识解决生活中的简单问题为基本理念，在学生自主探索、合作交流的基础上培养学生认真观察、分析和推理的能力，并使学生在思维能力、情感态度与价值观等方面都得到了进步和发展，数学文化的渗透也在润物无声中得以完成。

参考文献

郑毓信. 漫谈数学文化［J］. 小学教学（数学版），2008（3）：37-39.